बिहारी सतसई

(बिहारी सतसई के श्रेष्ठ दोहों का संकलन)

संपादन एवं संकलन

आरती गांधी

डायमंड बुक्स

www.diamondbook.in

प्रकाशकः डायमंड पॉकेट बुक्स (प्रा.) लि.
X-30, ओखला इंडस्ट्रियल एरिया, फेज-II
नई दिल्ली-110020
फोन : 011-40712200
ई-मेल : sales@dpb.in
वेबसाइट : www.diamondbook.in

Bihari Satsai
Edited By : Aarti Gandhi

भूमिका

बिहारी ने श्रृंगार के दोनों पक्षों का सजीव वर्णन किया है लेकिन श्रृंगार का संयोग पक्ष उनके साहित्य में विशेष रूप से उभरकर सामने आया है। वियोग पक्ष उतना उभर कर सामने नहीं आ पाया है। बिहारी को दूसरे विषयों का भी ज्ञान था। प्रकृति हो, स्त्री हो या कोई अन्य चीज़ उसको बिहारी ने बहुत ही क़रीब से महसूस किया और उसे अपने दोहों की शक्ल दी, उसे अपनी मौलिकता प्रदान की और अपने मनोभावों से सजाकर उसे विलक्षण बना दिया। ऐसा करना सिर्फ बिहारी जैसे कवि के ही वश की बात है। बिहारी मूलतः कवि थे, वह भी श्रृंगारिक कवि। 'सतसई' इसका जीता-जागता उदाहरण है। कहा जा सकता है, जो भाव-गांभीर्य बिहारी के दोहों में है, वह गागर में सागर भरने जैसा ही है। इसलिए तो उनके बारे में कहा गया है-

सतसैया के दोहरे, ज्यों नावक के तीर।
देखत में छोटन लगैं, घाव करैं गंभीर।।

यही वजह है कि 'सतसई' को हिन्दी साहित्य में इतनी प्रसिद्धि मिली और कई भाषाओं में इसका अनुवाद भी हुआ।

-संपादक

जीवन परिचय

हिन्दी साहित्य के रीति कालीन कवियों में बिहारी लाल का नाम महत्त्वपूर्ण है। उन्होंने अपने काव्य में अपने जीवन चरित के बारे में कुछ नहीं कहा है। बिहारी के जीवन चरित का निर्माण मुख्यतः किवदंतियों और समय-समय पर विद्वानों द्वारा लिखी गई बिहारी-सतसई टीकाओं के आधार पर किया जा सकता है।

बिहारी का जन्म संवत 1652 में ग्वालियर में हुआ था। इस संबंध में बिहारी ने स्वयं लिखा है–

जन्म ग्वालियर जानिए, खंड बुंदेले बाल।
तरुनाई आयी सुघर मथुरा बसि ससुराल॥

उपरोक्त दोहे से यह साफ हो जाता है कि बिहारी का जन्म ग्वालियर में हुआ और उनका बचपन बुंदेलखंड में बीता। बिहारी की ससुराल मथुरा में थी और अपनी युवावस्था में वे मथुरा में ही रहे। इस संबंध में एक अन्य दोहा बिहारी का ही लिखा इस प्रकार है–

संवत जुगसर रस रहित, भूमिरीति गिन लीन्ह।
कातिक-सुदि बुध अष्टमी जनम हमहिं विधि दीन्ह॥

यानी बिहारी का जन्म 1652 में कार्तिक शुक्ल अष्टमी बुधवार को हुआ था। बिहारी के पिता का नाम केशव राय था। बिहारी अपने माता-पिता की तीसरी औलाद थे। इनसे बड़े एक भाई और बहन थी। बिहारी अभी छोटे ही थे कि तभी उनकी मां का देहांत हो गया। इनके शोकाकुल पिता का मन काफी उद्विग्न और बेचैन रहने लगा तो वह ग़मगीन माहौल से निजात पाने के लिए बुंदेलखण्ड में आ बसे और यहीं पर घर बनाकर रहने लगे। अब बिहारी की बाल्यावस्था बुंदेलखण्ड में बीतने लगी। बिहारी घौम्यगोत्रीय श्रोत्रिय घरबारी माथुर चौबे थे।

बिहारी ने खुद अपने गोत्र व जाति के बारे में लिखा है–

जन्म लियो द्विजराज कुल सुबस बसे ब्रज आय।
मेरी हरो कलेस सब केशव केशवराय।।

बिहारी के पिता बुंदेलखंड में कुछ समय तक रहने के बाद ओरछा नरेश के यहां आ गए। ओरछा का शासन उन दिनों इंद्रजीत सिंह के हाथों में था। कवि केशव इन्हीं राजा इंद्रजीत सिंह के दरबार में रहते थे। ओरछा में 'हरिदास संप्रदाय' के नरहरिदास नामक एक विख्यात महात्मा भी रहते थे। बिहारी के पिता और बालक बिहारी अक्सर गुरु नरहरिदास की कुटिया में जाया करते थे। इन्हीं नरहरिदास ने बिहारी को शिक्षा–दीक्षा भी दी थी। इन्हीं महात्मा के यहां कवि केशव का भी आना–जाना था। शायद यही कारण था कि बालक बिहारी और केशव के बीच गहरा रिश्ता बन गया, जिसकी छाप 'बिहारी सतसई' पर पड़ी।

● ओरछा से वृंदावन

बिहारी के पिता ओरछा में अधिक समय तक नहीं रह सके। राजनीतिक दांवपेंच की वजह से बिहारी के पिता ओरछा छोड़कर वृंदावन आ गए। वृंदावन में ही बिहारी की प्राथमिक शिक्षा पूरी हुई, इसके साथ ही उन्होंने संगीत की भी शिक्षा ली। वृंदावन में उन दिनों महात्मा सरसदेव का बहुत नाम था। बिहारी और उनके पिता महात्मा सरसदेव से बहुत ही प्रभावित थे और सरसदेव से उनके संबंध भी बहुत स्नेहिल थे। महात्मा सरसदेव ने ही बिहारी की बहन का विवाह परशुराम नामक एक माथुर ब्राह्मण के साथ करवाया। हिन्दी के विख्यात आचार्य कुलपति मिश्र इन्हीं परशुराम के पुत्र थे।

बहन के विवाह के बाद बिहारी अपनी ससुराल चले गए। मथुरा में रहते हुए धीरे–धीरे बिहारी ने एक कवि के रूप में ख्याति प्राप्त कर ली। वैसे बिहारी कभी–कभार वृंदावन अवश्य आते रहते थे। अब महात्मा नरहरिदास भी वृंदावन में आकर रहने लगे थे। वृंदावन आने का मुख्य कारण कृष्ण की पावन स्थली वृंदावन का पुण्यप्रताप हासिल करना था। यह संयोग ही था कि उन्हीं दिनों शाहजहां और बादशाह जहांगीर नरहरिदास से मिलने वृंदावन आ गए। शाहजहां महात्मा नरहरिदास से बहुत ही प्रभावित था और वह उनसे मिलने के लिए ही आया था। नरहरिदास की कुटिया में ही शाहजहां और बिहारी की पहली बार मुलाक़ात हुई।

बिहारी ने शाहजहां को अपनी कविता सुनाई। शाहजहां उनसे बहुत ही प्रभावित हुआ और खुले मन से स्वीकार किया उनके असाधारण काव्य प्रतिभा को।

इस मुलाकात को लेकर बिहारी ने लिखा है–

श्री नरहरि नरनाह सौं दीन्हीं बांहगहाइ।
सुगुन आगरैं आगरैं रहत भाइ सुख पाइ।।

यानी बिहारी आगरा में आकर रहने लगे। यहां पर उन्होंने फारसी भाषा का अध्ययन किया।

आगरा में बिहारी को शाहजहां की ओर से काफी सम्मान मिला। बिहारी उसके विश्वसनीय व्यक्तियों में शामिल हो गए। संवत 1678 में मुगलों के प्रशासनिक विभाग में काफी फेर-बदल हुए। नूरजहां के कारण शाहजहां को शासन हथियाने तक आगरा से बाहर ही रहना पड़ा क्योंकि उन दिनों जहांगीर और शाहजहां में काफी मतभेद उत्पन्न हो गये थे। बिहारी को भी इस मतभेद के कारण आगरा से बाहर रहना पड़ा। शाहजहां के शासक बन जाने के बाद बिहारी फिर से मुगल दरबार में आ गए।

● बिहारी के जीवन से संबंधित घटनाएं

महाकवि बिहारी एक बहुत ही साहसी और सहृदय व्यक्ति थे। उनके जीवन से संबंधित घटनाएं उनके व्यक्तित्व का सहज ही रूप से बखान करती हैं।

बिहारी के जीवन की पहली घटना संवत् 1692 की है–बिहारी अपनी वार्षिक वृत्ति लेने आमेर पहुंचे तो आमेर नरेश राजा जय सिंह अपनी नवविवाहिता पत्नी के साथ रानीवास में थे और पत्नी के रूप-सौंदर्य के प्रति इतने आसक्त थे कि राजकाज की भी परवाह उन्हें नहीं थी। प्रजा और दरबारी, राजा के इस व्यवहार को लेकर काफी दुःखी और चिंतामग्न थे। प्रजा और दरबारियों को चिंतामग्न देखकर बिहारी ने एक दोहा लिखकर राजा जय सिंह के पास किसी तरह पहुंचा दिया–

नहिं पराग नहिं मधुरमधु, नहिं विकास यहि काल।
अली कली ही सौं बिंध्यों, आगे कौन हवाल।।

वैसे बिहारी ने ऐसा करके राजा जय सिंह के सुख-ऐश्वर्य में बाधा डाली, लेकिन उन पर इस दोहे ने मंत्र जैसा काम किया। इस दोहे को पढ़कर राजा

जय सिंह बिहारी पर इतने प्रसन्न हुए कि उसी क्षण दरबार में आ गए और उन्होंने बिहारी को अनेक स्वर्ण मुद्राएं भेंट कीं और रानी के प्रेम-पाश से मुक्त होकर पुनः अपना राजकाज देखने लगे।

राजा जय सिंह एक रसिक मिज़ाज इंसान थे। उन्होंने बिहारी की काव्य-प्रतिभा को देखते हुए कहा–'आप में ग़ज़ब की काव्य दृष्टि है। आप काव्य रचना को महत्त्व दें।'

राजा जय सिंह की प्रेरणा से ही प्रभावित होकर बिहारी ने 'बिहारी सतसई' की रचना प्रारंभ कर दी।

राजा जय सिंह की चौहानी रानी उन दिनों गर्भवती थीं। जय सिंह में आए इस अनुकूल बदलाव को देखकर चौहानी रानी बिहारी के व्यक्तित्व से इतनी प्रभावित हुईं कि उन्होंने उसी क्षण बिहारी को दरबारी कवि के रूप में नियुक्त कर लिया। रानी की कृपा बिहारी पर आगे चलकर इतनी हुई कि उन्होंने 'काली पहाड़ी' नामक एक पूरा गांव बिहारी को दान कर दिया।

रानी चौहानी जब पुत्रवती हुईं, तब नवजात पुत्र राम सिंह के जन्मोत्सव पर एक बहुत बड़े उत्सव का आयोजन हुआ, जिसमें महाकवि बिहारी को बहुत मान-सम्मान मिला और स्वर्ण मुद्राएं भी भेंट स्वरूप मिलीं।

राजा जय सिंह ने इसी अवसर पर अपने शीशमहल में दरबार लगाया और बिहारी ने उस दरबार की असाधारण शोभा को अपनी काव्यशैली में कुछ इस तरह से बांधा कि उनकी कीर्ति का परचम पूरे राज्य में फहरा उठा।

राजा जय सिंह एक शृंगार प्रिय शख्स होने के साथ-साथ कुशल योद्धा भी थे। उन्हीं दिनों उन्हें दक्षिण में जादो नामक मन सरदार से युद्ध करना पड़ा, जिसमें राजा जय सिंह को विजय मिली। राजा जय सिंह के रणकौशल और वीरता का वर्णन करते हुए बिहारी ने एक दोहा लिखा–

रहित न रन, जयसाहि मुखलख, लाखनु की फौज।
जांचि निराखरऊँ चलै लैलाखुन की फौज।।

कहते हैं न कि जहां मान, सम्मान और धन-ऐश्वर्य की प्राप्ति होने लगती है, वहीं आदमी का मन लगने लगता है और उस स्थान को ही वह अपनी कर्मस्थली बना लेता है। बिहारी ने भी यही किया। जय सिंह के दरबार में उन्हें जो मान-सम्मान मिला और धन-दौलत की जिस तरह से प्राप्ति हुई, उससे

बिहारी को आमेर ही सुन्दर देश लगने लगा। वह आमेर में ही राजकवि के रूप में अपना सुखद व स्वर्णिम जीवन बिताने लगे।

बिहारी की अपनी कोई संतान नहीं थी। उन्होंने अपने भतीजे निरंजन को ही अपना पुत्र मान लिया था। 'बिहारी सतसई' बिहारी की एकमात्र काव्य रचना है और इस काव्य को पूरा करने के बाद उनके मन में इस कदर काव्य रचना से विरक्तिभाव पैदा हुआ कि आमेर से उनका मन अचानक ही उचट गया। वह आमेर छोड़कर वृंदावन आ गए और स्थायी रूप से यहीं पर रहने लगे। वृंदावन में बिहारी को फिर से गुरु नरहरिदास का साथ मिला और गुरु नरहरिदास के सान्निध्य में ही उन्होंने संवत् 1721 में इहलोक त्याग दिया।

बिहारी का चौथापन भगवद् मनन में ही बीता। यह कुदरत भी अजीब है, इसको समझ पाना कठिन ही नहीं असंभव भी है। शृंगार रस से भीगे दोहों को लिखने वाला यह महान कवि अपने जीवन की आखिरी अवस्था में सांसारिक मोह-माया से अलग होकर प्रभु सुमिरन में अनवरत मग्न रहा। बिहारी वास्तव में ही एक असाधारण शख्स थे। वह ईश्वर की सत्ता को अच्छी तरह से जानते-समझते थे।

● बिहारी की रचनाएं

बिहारी की एकमात्र रचना 'सतसई' है। 'सतसई' एक मुक्तक काव्य है, इसमें 719 दोहे हैं। 'बिहारी सतसई' शृंगार रस की अत्यंत अनोखी और अद्भुत कृति है। इसका एक-एक दोहा हिंदी साहित्य के जगत का एक-एक अनमोल रत्न है।

● काव्यगत विशेषताएं

महाकवि बिहारी की कविता का मुख्य विषय शृंगार है। बिहारी ने शृंगार के संयोग और वियोग दोनों ही पक्षों का वर्णन किया है, लेकिन शृंगार पक्ष की तरह वियोग पक्ष उभर कर सामने नहीं आ पाया है। संयोग पक्ष में बिहारी ने व्यक्ति के हाव-भाव और अनुभवों का बड़ी ही बारीकी से चित्रण किया है और उसमें दिल को छू जाने वाली मार्मिकता है। शृंगार के संयोग पक्ष का एक नमूना देखिए–

बतरस लालच लाल की मुरली धरी लुकाय।
सोह करे, भौंहनु हंसे दैन कहै, नटि जाय॥

लेकिन बिहारी का वियोग वर्णन अतिशयोक्ति पूर्ण है और यही वजह है कि संयोग की तरह वियोग में स्वाभाविकता नहीं है।

बिहारी का युग ऐश्वर्य और विलास का युग था, सुरा और सुंदरी का युग था, रंगीनियों और रंगरेलियों का युग था। उस युग के समाज का आदर्श केंद्रिय सत्ताधारी शासक और उनके सामंत, सूबेदार आदि होते थे। ये शासक और सामंतादि अपनी-अपनी डफली अपने-अपने राग अलापते थे। अपनी आजीविका के लिए बिहारी जैसे कवियों को इन्हीं शासकों की कृपा पर निर्भर रहना पड़ता था। ऐसे वातावरण में बिहारी की काव्य-प्रतिभा भी शृंगार के केवल संयोग पक्ष का वर्णन करने में ही धन्य हुई। यह सच है कि शृंगार के संयोग पक्ष का कोई भी बोल बिहारी की पैनी दृष्टि से छूटा नहीं है। नायक-नायिकाओं के मध्य होने वाली प्रेम-लीलाओं के वर्णन में बिहारी ने अपनी मौलिक और असाधारण प्रतिभा का पूरा परिचय दिया है। बिहारी ने अपनी आंखों से लावण्य भरी सुंदरियों के मुखमंडल पर पड़े हुए बालों की लटें ही देखी थीं, उनके उठे हुए उरोजों का उभार ही देखा था, उनके विशाल मोहक नेत्रों में रति क्रीड़ाजन्य हर्षातिरेक ही पाया था, इसलिए उनकी काव्य रचना में इसकी बाहुल्यता है।

विरहिणी नायिका की वेदना समझने के लिए न तो उनके पास समय था और न ही उन्हें उसकी कोई उपयोगिता ही दिखी। उदाहरण के लिए, बिहारी रचित इस दोहे को देखें, जिसमें बिहारी ने विरहिणी नायिका के विरहाग्नि का वर्णन किया है। विरह में जल रही नायिका के पास उसकी सहेली भी जाने से डरती है, इसलिए भीगे हुए कपड़े धारण करके ही नायिका के पास वह जाती है। सहेली को इस बात की आशंका है कि कहीं विरहिणी नायिका की गर्मी से वह खुद भी न झुलस जाये...जल जाए।

आड़े दै आले बसन, जाड़े हूं की राति।
साहस ककै सनेह बस सखी सबै ढिग जाति॥

इसी प्रकार का एक और उदाहरण देखिए– विरह वेदना सहते-सहते नायिका बहुत दुर्बल हो गई है। यहां तक कि यदि स्वयं मृत्यु भी अपनी आंखों पर चश्मा चढ़ाकर उसकी खोज करे तो वह उसकी पहचान नहीं कर पाएगी। मृत्यु द्वारा चश्मा चढ़ाना और नायिका की पहचान न कर पाना किसी भी दृष्टि से समझ से बाहर है। दोहा है–

करी विरह ऐसी तऊ गैल न छाड़तु नीच।
दीनै हूं चसमा चखनु, चाहें लहै न मीच॥

इसी प्रकार का यह दोहा देखें, जिसमें माघ के महीने में भी नायिका के गांव में लू चलने लगी है–

सुनत पथिक मुंह माह निसि, चलति लु वैं उहिंगाम।
बिन बुझै बिन ही कहैं, जियत विचारो बाम॥

शृंगार के संयोग व वियोग के अलावा सूफी कवियों की आध्यात्मिकता का भी बिहारी पर पर्याप्त प्रभाव पड़ा है।

● भक्ति भावना

बिहारी तो वैसे शृंगारिक कवि हैं। मिलन व वियोग का वर्णन उनके काव्य में सबसे अधिक है। फिर भी उनकी भक्ति भावना राधा–कृष्ण के प्रति समर्पित है और वह जहां–तहां ही देखने में आई है।

'सतसई' की शुरुआत में ही उन्होंने यह दोहा लिखकर राधा–कृष्ण के प्रति अपनी भक्ति भावना व्यक्त की है–

मेरी भव बाधा हरो, राधा नागरि सोई।
जा तन की झाांई परे, स्याम हरित दुति होई॥

बिहारी ने नीति और ज्ञान की बातें भी अपने काव्य में की हैं, लेकिन वे बहुत ही सीमित हैं। धन इकट्ठा करने के संबंध में बिहारी ने लिखा है–

मति न नीति गलीत यह, जो धन धरिये जोर।
खाये खर्चे जो बचे तो जोरि ये करोर॥

● प्रकृति वर्णन

बिहारी ने कभी प्रकृति की मनोरम छटा के अंदर अपनी प्रेयसी के रूप–सौंदर्य का दर्शन किया है तो कभी आध्यात्मिक तृप्ति के लिए प्रकृति की शरण ली है तो कभी घोर निराशा में झूलते हुए उसके प्राणों को प्रकृति ने नई आशा और नया अर्थ प्रदान किया है। बिहारी ने जिस समाज को देखा था, उसमें चारों तरफ सुरा और सुंदरियों का राज्य था। यही वजह थी कि उनकी समूची

काव्य-प्रतिभा नायिका के नख-शिख वर्णन में ही लगी रही। रीतिकालीन कवियों का प्रकृति-चित्रण प्रायः परंपरावादी है। बिहारी की सतसई में प्रकृति के रूपों का जितना चित्रण हुआ है, प्रकृति के आलंबन रूप का चित्रण किसी भी दृष्टि से कम नहीं कहा जा सकता है। उदाहरण के लिए, बिहारी का यह दोहा देखिए–

ज्यों-ज्यों बढ़ति विभावरी त्यों-त्यों बढ़त अनंत।
ओक-ओक सबलोक-सुख कोक-सोक हेमंत॥

उपरोक्त दोहे से यह स्पष्ट है कि बिहारी ने प्रकृति के रूप का पर्याप्त चित्रण किया है और चित्रण स्वाभाविक है तथा हृदयस्पर्शी भी बन पड़ा है।

बिहारी के षड्ऋतु विषयक दोहे को देखिए–

कहलाने एकत बसंत महि, मयूर, मृग, बाघ।
जगत तपोतन से कियो, दरिघ दाघ निदाघ॥

बसंत ऋतु का वर्णन देखिए–

दिसि-दिसि कुसुमित देखियत, उपवन विपिन समाज।
मनो वियोगिन की कियो सर-पंजर रितुराज॥

वर्षा ऋतु का वर्णन इस दोहे में बड़े ही मार्मिक ढंग से किया गया है–

पुरबा होहि न अलि उठे, धुआं धरनि चहुं कोव।
जारत आवत जगत को पायस प्रथम पयोद॥

इस प्रकार कह सकते हैं कि कविवर बिहारी ने प्रकृति के विविध रूपों का बड़ी सजीवता से वर्णन किया है और इससे उनका काव्य सतसई अनूठा बन गया है।

● विषयों का ज्ञान

बिहारी को ज्योतिष, वैद्यक, गणित, विज्ञान आदि विविध विषयों का बड़ा ज्ञान था। उन्होंने अपने दोहों में उनका बखूबी उपयोग किया है। गणित संबंधी तथ्यों से ओत-प्रोत यह दोहा पढ़ने लायक है–

कहत सबै वेदी दिये आंगु दस गुनो होत।
तिय लिलार वेदी दिये अगिनतु बढ़त उदोतु॥

● बिहारी की भाषा शैली

महाकवि बिहारी की भाषा साहित्यिक ब्रज भाषा है। इसमें सूरदास की चलती ब्रज भाषा का विकसित रूप मिलता है। पूर्वी हिंदी, बुंदेलखंडी, उर्दू, फारसी आदि के शब्द भी सतसई में प्रयोग किए गए हैं। लेकिन ये शब्द पैबंद की तरह नहीं लगते हैं। बिहारी को भाषाओं का इतना अच्छा ज्ञान था और उन पर इतनी अच्छी पकड़ थी कि अपने दोहों में बिहारी ने शब्दों को बड़ी चतुराई से स्थापित किया है, जिससे उनका शब्द चयन सुंदर और सार्थक बन पड़ा है। बिहारी ने शब्दों का इस्तेमाल भावों के हिसाब से ही किया है। कहीं पर भी शब्दों के साथ बलात्कार नहीं किया है और शब्द ब्रह्म हैं, इस उक्ति की महत्ता को कहीं भी नहीं नकारा है। बिहारी ने अपने दोहों में कहीं-कहीं मुहावरों का भी सजीव ढंग से प्रयोग किया है। जहां तक बिहारी की शैली की बात है, तो विषय के अनुसार बिहारी की तीन शैली हैं–

- शृंगार के दोहों में माधुर्य पूर्ण व्यंजना प्रधान शैली का प्रयोग बिहारी ने किया है।
- भक्ति तथा नीति के दोहों में प्रसादगुण युक्त सरस शैली का इस्तेमाल कविवर बिहारी ने की है।
- दर्शन, ज्योतिष, गणित आदि विषयक दोहों में चमत्कार पूर्ण शैली का इस्तेमाल बिहारी ने बड़ी शिद्दत के साथ किया है, जिससे इनका काव्य गौरव साफ दिखाई देता है।

● रस, छंद और अलंकार

शांत, हास्य, करुण आदि रसों का प्रयोग बिहारी ने अपने काव्य 'सतसई' में किया है, जिससे इनके काव्य का सौंदर्य तथा महत्ता और भी अधिक निखर उठी है। लेकिन ज्यादातर शृंगार रस की ही प्रधानता है। छंद के मामले में बिहारी का काव्य समृद्ध नहीं है। बस दो ही छंद बिहारी ने अपनाए हैं। दोहा और सोरठा, जिसमें दोहा का प्रयोग अधिक हुआ है। समास-शैली के अनुपम उदाहरण बिहारी के दोहे हैं। दोहे जैसे छोटे छंद में कई-कई भाव एक साथ भर देने की क्षमता सिर्फ बिहारी जैसे महाकवि के वश की बात है। देखने में ये छोटे लगते हैं, पर दिल को गहराई तक छू लेने की शक्ति रखते हैं।

बिहारी के काव्य में अलंकारों की तो भरमार है। बिहारी ने इसमें कोई कसर नहीं छोड़ी है। इनके हर दोहे में कोई-न-कोई अलंकार अवश्य ही है। इनकी भाषा पूरी तरह से ही अलंकारिक है, जिससे भाव भी काफी सुन्दर बन गए हैं। किसी-किसी दोहे में तो बिहारी ने एक से अधिक अलंकारों का भी प्रयोग कर आश्चर्य में डाल दिया है कि क्या एक साथ इतने अलंकारों का भी इस्तेमाल हो सकता है? इनके दोहों में अतिशयोक्ति, अन्योक्ति और सांगरूपक अलंकारों की बाहुल्यता है। अन्योक्ति अलंकार का एक उदाहरण देखिए–

मेरी भव बाधा हरो राधा नागरी सोई।
जा तन की झांई परै श्यामु हरित दुति होई॥

● साहित्य में स्थान

हिन्दी साहित्य में बिहारी का स्थान सर्वोच्च है, इसमें कोई विवाद नहीं है या कोई भी इस बात को नकार नहीं सकता है। हिन्दी साहित्य में महाकवि तुलसी कृत रामचरितमानस के अतिरिक्त किसी भी अन्य ग्रंथ का इतना प्रचार नहीं हुआ है जितना 'बिहारी सतसई' का। सच्चाई तो यही है कि 'बिहारी सतसई' से बिहारी का बोध सहज ही रूप से हो जाता है। यह पूछने की ज़रूरत नहीं पड़ती है कि बिहारी कौन है? वैसे 'बिहारी सतसई' के अनुकरण में और भी अनेक सतसईयों की रचना हुई, लेकिन जो लोकप्रियता 'बिहारी सतसई' को मिली, वह किसी भी अन्य सतसई को नसीब नहीं हुई। यह कहा जा सकता है कि सतसई का कवि वाणी का कलाकार है, चित्रों का चितेरा है, भाव-माधुरी का उपासक है, कल्पना का ललित शिल्पकार है। नारी के सौंदर्य प्रेम का माधुर्य, नारी शरीर की रमणीयता, शिल्प की बनावट एवं सजावट-इन सभी दृष्टियों से 'सतसई' की कविता अपनी प्रतिस्पर्धा नहीं रखती। वह तो हिन्दी साहित्य में एक प्रतिष्ठित स्थान रखती है। यह भी सच है कि किसी भी कवि का यश उसके द्वारा रचित ग्रंथों के परिमाण पर नहीं, गुण पर निर्भर करता है। बिहारी के साथ भी यही बात है। अकेले सतसई ग्रंथ ने उन्हें हिंदी साहित्य में अमर कर दिया है। शृंगार रस के ग्रंथों में बिहारी सतसई के समान ख्याति किसी को नहीं मिली। इस ग्रंथ की अनेक टीकाएं हुईं और अनेक कवियों ने इसके दोहों को आधार बनाकर कवित्त, छप्पय, सवैया आदि छंदों की

रचना की। 'बिहारी सतसई' आज भी रसिकजनों की ऊर्जा का स्रोत बनी हुई है। कल्पना की अद्‌भुत शक्ति और भाषा की समास शक्ति के कारण सतसई के दोहे गागर में सागर भरने की क्षमता रखते हैं। भला बिहारी को उनके स्थान से कोई कैसे हिला सकता है?

उनके विषय में सच ही कहा गया है–

सतसैया के दोहरे, ज्यों नावक के तीर।
देखन में छोटन लगैं, घाव करें गंभीर॥

हिन्दी साहित्य बिहारी का आजीवन ऋणी रहेगा। जब भी शृंगार रस की बात छिड़ेगी, सतसई सामने आ ही जाएगी।

बिहारी के दोहे

मेरी भव बाधा हरौ, राधा नागरि सोई।
जा तन की झांई परै स्याम हरित-दुति होई।

इस दोहे में बिहारी ने अपने इष्ट राधा-कृष्ण को अपने भाव अर्पित किए हैं। हे नागर की चतुर राधा! तुम्हारे शरीर की परछाई पड़ने मात्र से ही श्याम हरे-भरे यानी सुन्दर बदन वाले हो जाते हैं, मेरी सांसारिक विघ्न-बाधाओं को भी हरो। कवि राधा से प्रार्थना करता है कि हे राधा! तुम्हारी झलक पाकर ही भगवान श्रीकृष्ण खिल उठते हैं। तुम मेरे सांसारिक-जीवन को भी अपनी झलक दिखलाकर हरा-भरा कर दो।

खरी पातरी कान की, कौन बहाऊ बानि।
आक-कली न रत्ती करै अली, अली, जिय जानि॥

बिहारी कहते हैं—नायिका की व्यथा को समझते हुए सखी कहती है—तू तो कान की बड़ी कच्ची है रे। ये कान तो बहा देने के काबिल हैं, जिस-तिस की बातों को सुनकर विश्वास कर लेते हैं। तू अपने मन को स्थिर रख और बगैर सोचे-समझे हर किसी की बातों पर भरोसा न कर। हे सखी! तू इस बात की गांठ बांध ले और मन में अच्छी तरह से बैठा ले—भौंरे आक-कली यानी मदार की कली से अधिक देर तक चिपके नहीं रहते। भला मदार की कली से उन्हें क्या मिलेगा?

डारे ठोड़ी गाड़, गहि नैन-बटोही, मारि।
चिलक-चौंध मैं रूप-ठगा, हांसी-फांसी डारि॥

बिहारी कहते हैं—नायक की आंखें नायिका के दैहिक सौंदर्य को निहारते-निहारते नायिका की ठोड़ी में गड़ गयी हैं। नायिका के शारीरिक

सौंदर्य रूपी ठग ने नायक के आंखों रूपी राहगीरों को अपनी हंसी रूपी फांसी डालकर मार दिया है और अपनी ठोड़ी के गड्ढे में डाल दिया है। अब तो बेचारे राहगीर वहीं पड़े हुए हैं अर्थात् मोहित निगाहें सुन्न-सी उसकी ठोड़ी के गड्ढे में पड़ी हुई हैं। बेचारी हटाने से भी नहीं हट रहीं। उनकी यह दशा अत्यंत ही दयनीय है।

कहने का भाव है कि रूपसी के रूप पाश में फंसे प्रेमी की दशा कुछ ऐसी ही होती है। वह जिन्दा ही मर जाता है।

पिय-बिछुरन कौ दुसहु दुखु, हरषु जात प्यौसार।
दुरजोधन लौं देखियति तजत प्रान इहि बार॥

बिहारी कहते हैं–नायिका मायके जाने की तैयारी कर रही है, उसे खुशी है कि मायके के लोगों के दर्शन होंगे, सखी-सहेलियों से वह मिलेगी, साथ ही वह दुःखी भी है कि पिया से उसका मिलना नहीं होगा। यह खुशी और दुःख वाली स्थिति नायिका के लिए बहुत ही असहनीय हो गयी है। जब वह नवविवाहिता थी, तब उसने पिया-विछोह को इतनी गहराई से महसूस कभी नहीं किया था, लेकिन इस बार जा रही है तो पिया बिछोह साल रहा है, मानो दुर्योधन की भांति प्राण त्यागते समय की दशा में वह नज़र आ रही है। बिहारी ने यहां दुर्योधन का जिक्र इसलिए किया है क्योंकि प्राण त्यागते समय दुर्योधन की भी मनःस्थिति एक विरहिणी की भांति ही थी।

पिय कैं ध्यान गही गही रही वही हूवै नारि।
आपु आपु ही आरसी लखि रीझति रिझवारि॥

बिहारी कहते हैं–प्रेयसी अपने प्रिय के ध्यान में तल्लीन है तथा प्रिय की मनःस्थिति की तरह ही उसकी भी मनःस्थिति हो गयी है यानी उसका प्रेमी उसे देखकर जिस तरह से मोहित हो जाता है, उसे रीझाने की कोशिश करता है, उसी तरह से प्रेयसी भी खुद का ही रूप देखकर खुद पर मोहित हो रही है। प्रेयसी की मनोदशा भृंगी नामक कीट की तरह है यानी वह खुद को प्रेमी मानने लगी है और खुद पर ही मोहित आईने में खुद को ही देखकर उद्विग्न व खुश हो रही है।

कहने का भाव है कि आसक्ति जब हद को पार कर जाती है तब आदमी को कुछ सूझता नहीं है और खुद में ही वह उसे देखने लगता है, जिस पर वह मोहित होता है।

बिलखी लखै खरी खरी भरी अनख, बैराग।
मृगनैनी सैन न भजै लखि बेनी के दाग॥

बिहारी कहते हैं–अपने प्रेमी के शरीर में किसी दूसरी स्त्री के शृंगार चिह्न को देखकर प्रेयसी अपनी पलक भी झपका नहीं रही है और दुःखी मन से खड़ी-खड़ी अन्दर ही अंदर तड़प रही है, बिलख रही है। उसकी मनःस्थिति बहुत ही अजीब-सी है, देखने के सिवा वह कुछ कर भी तो नहीं सकती है।

कहने का भाव है कि दूसरी स्त्री के प्रेम पाश में उलझे प्रियतम को देखकर प्रेयसी की दशा उस शिकार की तरह ही होती है, जो शिकारी को देखकर भी कुछ कर नहीं पाता है। बस उसके वार से घायल कराह कर रह जाता है।

मिलिबिहरत, बिछुरत मरत, दंपति अति रति-लीन।
नूतन विधि हेमंत सबु जगतु जुराफा कीन॥

बिहारी कहते हैं–सखी हेमंत ऋतु का वर्णन नायिका के सामने कर रही है–हेमंत ऋतु में प्रेयसी-प्रियतम प्यार की अंतरंग गहराइयों में समाए हुए दो तन एक जान होकर जीवन का आनंद लेते हैं और यदि एक-दूसरे का साथ नहीं मिलता है तो तिल-तिल कर मरने लगते हैं। यानी यह ऋतु प्रेमी-प्रेमियों के अंतरंग पलों को और आनंददायक बना देने वाली है। इसमें बिछोह होना ठीक नहीं। कवि ने यहां हेमंत को विधि यानी ब्रह्मा की उपाधि दी है और वह कहता है कि इस हेमंत रूपी नये ब्रह्मा ने इस दुनिया को उस जुराफा पक्षी की तरह बना दिया है, जो बिछुड़ते ही प्राण त्याग देते हैं।

कहने का भाव है–हेमंत ऋतु प्यार-मुहब्बत की ऋतु है। इस ऋतु में विछोह नहीं, संयोग यानी मिलन की ही महत्ता है।

है हिय रहति हईछई, नई जुगति जग जोइ।
दीडिहिं दीठि लगै, दई, देह दूबरी होइ॥

बिहारी कहते हैं—दुनिया के भी नियम कानून अजीब से हैं, जिन्हें देखकर मन में हमेशा डर बैठा रहता है। लगती तो नज़र को नज़र है, लेकिन सजा बेचारी देह को मिलती है, वह व्यर्थ में ही दुबली-पतली हो जाती है जबकि नुकसान नज़र का होना चाहिए था।

कहने का भाव है कि प्रेम में सारा खेल आंखों का है, कसूरवार वे ही होती हैं और विरह की अग्नि बेचारी देह को झेलनी पड़ती है, फलस्वरूप वह बीमार हो जाती है।

लटुवा लौं प्रभु-कर-गहैं, निगुनी गुन लपटाइ।
वहै गुनी-करतैं छुटैं, निगुनीयै ह्वै जाइ॥

बिहारी कहते हैं—गुणहीन मनुष्य भी लट्टू की तरह ईश्वर को हाथ में पकड़ लेता है तो उसका कायाकल्प हो जाता है। वह स्वाभाविक रूप से गुण में लिपटता चला जाता है यानी वह धन्य हो जाता है। वहीं गुणवान मनुष्य के हाथ से लट्टू छूटते ही सब कुछ उलट-पलट जाता है। जो कल तक गुणवान था, वह गुणहीन हो जाता है।

कहने का भाव है कि ईश्वर की कृपा में बड़ी शक्ति है, वह चाहे तो गुणहीन को गुणवान बना दे और गुणवान को गुणहीन बना दे। ईश्वर लट्टू को घुमाने वाला है तथा मनुष्य लट्टू है। पूरी दुनिया प्रभु के इशारे पर लट्टू की तरह नाच ही तो रही है।

कत लपटइयतु मो गरैं, सोन, जुही निसि सैन।
जिहिं चंपक-बरनी किए गुल्लाला-रंग नैन॥

बिहारी कहते हैं—प्रेयसी अपने प्रियतम से शिकायत भरे लहजे में कहती है कि तुम मेरे गले से क्यों लिपट रहे हो? मैं उस स्त्री की तरह नहीं हूं, जो रात के अंतरंग पलों में तुम्हारे साथ थी और उस मीठी छुरी ने तुम्हें सारी रात जगाये रखा और तुम्हारी आंखों में उनींदेपन के लाल डोरे डाल दिए। हटो, मुझसे दूर ही रहो।

कहने का भाव है कि प्रेयसी स्वप्न में भी यह नहीं चाहती कि उस का प्रेमी किसी अन्य स्त्री की बांहों में रात गुजारे और उस पर झूठा प्यार न्यौछावर कर उसे मूर्ख बनाता रहे। उसे तो अपने प्रियतम का सच्चा प्यार चाहिए।

कहलाने एकत बसत अहि मयूर, मृग, बाघ।
जगतु तपोवन सौ कियौ दरिहा-दाघ निदाघ।।

बिहारी कहते हैं–ग्रीष्म ऋतु की प्रचंडता भी क्या बला है। सबको इतना व्याकुल, दुःखी और उद्विग्न कर देती है कि सांप, मोर, मृग तथा बाघ बिना किसी भेदभाव के एक साथ ही रहते हैं। वे गर्मी से इतने व्याकुल होते हैं कि एक-दूसरे से खतरा है, इसका भी ध्यान नहीं रहता। ग्रीष्म ऋतु ने अपने भीषण ताप से मानो पूरे संसार को ही तपोवन-सा बना दिया है।

कहने का भाव है कि मुसीबत के क्षणों में इंसान या पशु-पक्षी सिर्फ अपनी जान की रक्षा की बात ही सोचते हैं। जन्मजात दुश्मनी या भेदभाव का ध्यान ऐसे नाज़ुक हालातों में नहीं रहता है।

छकि रसाल-सौरभ, सने मधुर माधुरी-गंध।
ठौर ठौर झौंरत झंपत झंपत, भौंर-झौंर मधुअंध।।

बिहारी कहते हैं–बसंत ऋतु के आगमन पर एक सखी कह रही है–यह समय बहुत ही कीमती है और गंवाने का नहीं है। जरा देख तो सही, आम के बौरों की महक से अघाकर यानी तृप्त होकर और फूलों की मीठी ख़ुशबू से भीगे हुए तथा मकरंद रूपी मदिरा के नशे से पगलाए हुए भौंरों के समूह के समूह जहां-तहां कैसे मंडराते और झुकते हैं। प्रकृति का यह सौंदर्य क्या कहीं और देखने को मिल सकता है? जीवन यही है।

कहने का भाव है कि अपनी सुंदरता पर क्या घमंड करना, इस प्रकृति से तो बढ़कर ख़ूबसूरत कोई नहीं है। कुदरती सौंदर्य की गंध व ख़ूबसूरती अद्वितीय है, इसे कभी नहीं गंवाने का।

नीच हियैं हुलसे रहैं, गह गेंद के पोत।
ज्यों-ज्यों माथैं मारियत, त्यों-त्यों ऊंचे होत।।

बिहारी कहते हैं–दुष्ट मनुष्यों का स्वभाव गेंद की तरह होता है। बार-बार गलत ठहराए जाने पर भी वे इसका शोक नहीं मनाते हैं और मन-ही-मन ख़ुश होते रहते हैं। जैसे-जैसे उन्हें प्रताड़ित किया जाता है, वैसे-वैसे ऊंचे होते जाते हैं यानी खुद को श्रेष्ठ मानते हैं। गेंद का स्वभाव भी तो ऐसा ही है, जितना उसे पटको उतना और ऊपर की तरफ उछलता है।

कहने का भाव है कि नीच प्रकृतिवालों का कोई दीन-ईमान नहीं होता है। उन्हें जितना प्रताड़ित व अपमानित किया जाता है, वे शर्मिंदा होने की बजाए और नीचता पर उतर आते हैं।

ज्यौं-ज्यौं बढ़ति बिभावरी, त्यौं-त्यौं बढ़त अनंत।
ओक ओक सबलोक-सुख, कोक-सोक हेमंत॥

बिहारी हेमंत ऋतु का वर्णन करते हुए कहते हैं—हेमंत का मौसम भी क्या खूब है, जैसे-जैसे रात बढ़ती यानी चढ़ती जाती है वैसे-वैसे सबके घर में सुख-आनंद बढ़ता जाता है, लेकिन चकवा-चकई के दुःख बढ़ते ही जाते हैं अर्थात् अनंत दुःखों को वे सहते हैं।

कहने का भाव है कि कोई मौसम किसी के लिए सुखद होता है तो किसी के लिए दुःखद।

बहु धनु लै, अहसानु कै, पारौ देत सराहि।
बैद-वधू, हंसि भेद सौं, रही नाह-मुंह चाहि॥

बिहारी ने इस दोहे में कपटी और झोला छाप वैद्य का चित्रण बहुत ही सजीवता से किया है।

बिहारी कहते हैं—किसी पुरुषत्व हीन यानी सहवास करने में असमर्थ रोगी से मनमाना पैसा लेकर और ऊपर से उस पर एहसान लाद कर तथा बहुत तारीफ करते हुए वैद्य ने रोगी को दवा के रूप में पारा दिया तो वैद्य की पत्नी को अचानक ही हंसी आ गई कि अगर इस दवा में इतनी ही शक्ति है तो फिर खुद वैद्य यानी उसका पति स्त्री-सुख से वंचित क्यों हैं? वह वैद्य की इस मानसिकता पर कुछ बोल न सकी और उसका चेहरा देखती रह गई।

कहने का भाव है कि नीम-हकीमों के अंदर का सच यही है। वे जिस रोग का इलाज करते हैं, खुद उस रोग से पीड़ित होते हैं। वे भला क्या किसी का इलाज करेंगे।

बतरस-लालच लाल की, मुरली धरी लुकाइ।
सौंह करैं भौंहनु हंसै, दैन कहै नटि जाइ॥

बिहारी कहते हैं–राधिका ने बातचीत करने के लालच से श्रीकृष्ण की मुरली कहीं छिपाकर रख दी है। श्रीकृष्ण के मैया या बाबा की शपथ या कसम लेने पर राधा जरा-सी मुस्करा पड़ती है, ताकि उन पर श्रीकृष्ण को संदेह हो जाए और वह कहीं अन्यत्र न जाएं, पर श्रीकृष्ण के मांगने पर अगले पल ही राधा इंकार कर देती है कि मैंने मुरली नहीं ली है। इस खेल में राधा को श्रीकृष्ण का साथ मिल रहा है। वह बतरस का आनंद इसी बहाने ले रही है। ऐसी है राधा-कृष्ण की लीला। यही है सच्चा प्रेम, जिसमें प्रेमिका किसी भी विधि से प्रियतम के संग-साथ का सुख पाना चाहती है।

रही लटू ह्वै लाल, हौं लखि वह बाल अनूप।
कितौ मिठास दयौ, दई इतैं सलोनैं रूप॥

बिहारी कहते हैं–सखी नायक के सामने नायिका के रूप-सौंदर्य का वर्णन करते हुए बता रही है–वह कितनी सुंदर है, मैं किन शब्दों में कहूं। मैं उसके रेशमी बालों को देखकर उस पर लट्टू हो गई हूं। यह मेरी समझ से बाहर की बात है कि विधाता ने उस ख़ूबसूरत रूप में मिठास लाने के लिए कितनी मिठास दी है कि उसके रूप-सौंदर्य की मिठास का स्वाद ही अनूठा हो गया है।

कहने का भाव है कि सखी नायिका के रूप-सौंदर्य की मिठास का वर्णन कर नायक को उसकी ओर आकर्षित करना चाहती है। सच्चे मित्र अपने मित्रों के गुण-सौंदर्य का वर्णन इसी तरह से करते हैं और ऐसे शुभचिंतक ही व्यक्ति को साधारण से असाधारण बनाते हैं।

मार्‌यो मनु हारिनु भरी, गार्‌यौखरी मिठाहिं।
वाकौ अति अनखाहटौ मुसकाहट-बिनु नाहिं।

बिहारी कहते हैं–नायक की मनोदशा बड़ी ही अजीब है। वह नायिका पर इतना दिलोजान से फिदा है कि उस की मार भी उसके मन को भाती है, गाली भी बहुत मीठी लगती है, उसका गुस्से से बात करना भी अच्छा लगता है क्योंकि नायक को उसकी हर अदा मुस्कराहट भरी ही लगती है।

ऐसा ही होता है, जब कोई किसी पर मंत्रमुग्ध हो जाता है तो उसकी हर कड़वी बात, हर तीखे अंदाज मन को बरबस ही लुभाने लगते हैं।

इक भीजैं, चहलैं परैं, बूड़ैं हज़ार।
किते न औगुन जग करैं, वै-नै चढ़ती बार॥

बिहारी ने मनुष्य को चढ़ती युवावस्था से सावधान रहने की बात कही है– चढ़ती जवानी रूपी नदी क्या-क्या नहीं करती है। आदमी इस उम्र की तीव्र तरंगों से भीग जाता है और विषय-वासना की भेंट चढ़ जाता है यानी विषय वासना में उलझकर रह जाता है और हज़ारों तो ऐसे डूब जाते हैं कि उनका कहीं पता ही नहीं चलता है।

कहने का भाव है कि युवावस्था एक उफनती नदी की तरह ही है। इसको अपने काबू में रखो और विषय वासना की भेंट न चढ़ाओ। नहीं सम्भलोगे तो तुम्हारा अस्तित्व ही मिट जाएगा। तुम कहीं का भी नहीं रहोगे। यह उम्र ही होती है कुछ बनने की। इस उम्र की ऊर्जा को अच्छे कार्यों में लगाओ और जीवन के तमाम सुखों की अनुभूति करो।

बिरह-बिपत्ति-दिनु परत हीं तजे सुखनु सब अंग।
रहि अब लौं ब दुखौ भए चलाचलै जिय-संग॥

बिहारी कहते हैं–विरह वेदना से तप रही विरहिणी प्रियतम को पत्र लिख रही है कि मेरे सारे अंगों को सुखों ने छोड़ दिया है यानी मैं सुखों का अनुभव नहीं कर पा रही हूं। विरह वेदना में जल रही हूं। अब तो हाल यह है कि यह विरह वेदना भी प्राणों के साथ चलने के लिए तैयार है अर्थात् तुम नहीं मिले तो मैं अपने समूचे दर्द-जलन के साथ अपना प्राण त्याग दूंगी। मुझसे अब तुम्हारा विछोह सहा नहीं जा रहा। जल्दी आन मिलो।

प्रियतम से अलग होने का दुःख इतना दुःसह होता ही है कि बर्दाश्त नहीं होता। मन को शांति तो मिलन के बाद ही मिलती है।

मनन मनावन कौं करैं, देतु रुठाइ रुठाइ।
कौतुक-लाग्यौ प्यौ प्रिया-खिझहूं रिझावति जाइ॥

बिहारी कहते हैं–प्रियतम को अपनी प्रेयसी का गुस्सा करने का अंदाज भा गया है। वह जब भी प्रेयसी को मनाता है, अगले पल ही मन में वही इच्छा जाग जाती है और प्रेयसी के गुस्सैल रूप को देखने के लिए प्रेमी फिर से उसे छेड़ देता है। प्रेयसी पुनः रूठ जाती है। प्रियतम नये सिरे से उसे पुनः मनाने लगता है। यह खेल प्रियतम को अच्छा लगता है। वह प्रेयसी में एक नये स्वाद की अनुभूति करता है।

कहने का भाव है कि रूठना-मनाना ही जीवन है और इससे अंतरंगता और बढ़ती ही है, घटती नहीं है। छेड़ना फिर मनाना और फिर छेड़ना फिर मनाना, संग-साथ को दोगुना आनंदित कर देता है।

उनकौ हितु उनहीं बनै, कोऊ करौ अनेकु।
फिरतु काक गोलकु भयौ दुहूं देह ज्यौ एकु॥

बिहारी कहते हैं–जो एक-दूसरे को जानते हैं, एक-दूसरे से अटूट प्यार करते हैं, उनकी तरह कोई दूसरा प्रेम करने की कितनी भी कोशिश करे, कर नहीं सकता है। प्रेम में जो दशा सच्चे प्रेमियों की होती है, वे जिस तरह से अपने प्राण तक भी दांव पर रख देते हैं, उनकी तरह दो शरीर एक प्राण भला अन्य कैसे हो सकता है? एक-दूसरे पर अपना सर्वस्व न्यौछावर करने वाले प्रेमियों को देखकर यूं लगता है जैसे वे कौए की आंख की पुतली हैं, जो दोनों के शरीर में घूमती फिरती है।

कौए की एक ही पुतली होती है, जो बारी-बारी से दोनों तरफ आती-जाती रहती है। बिहारी ने दो सच्चे प्रेमियों को एक ही जीव काकगोलक की संज्ञा दी है।

कहने का भाव है कि दो प्रेमियों को एक-दूजे से अलग न मानें। अगर वे अलग हैं तो फिर प्रेमी नहीं हैं। वे तो प्रेम करने का ढोंग कर रहे हैं।

खरी लसति गोरैं गरैं धंसति पान की पीक।
मनौ गुलीबंद लाल की, लाल , लाल दुति-लीक॥

बिहारी नायिका की सुंदरता की प्रशंसा करते हुए कहते हैं–नायिका गौर वर्ण की है और उसके गोरे गले में धंसती हुई पान की पीक उसकी गोरी त्वचा में से यूं झलकती है जैसे गुलबंद के माणिक्य (लाल) की आभा की गुलाबी रेखा हो।

कहने का भाव है कि नायिका इतनी सुंदर और कोमलांगी है कि पान की पीक की लाली भी उसके गले से नीचे उतरते समय नज़र आती है।

पाइल पाइ लगी रहै, लगौ अमोलिक लाल।
भोडर हूं की भांति है बेंदी भामिनि-भाल॥

बिहारी कहते हैं—पायल पांव में शोभा देती है, वह गले में नहीं पहनी जा सकती। उसमें माणिक्य जड़े हैं तो जड़े रहें, लेकिन एक साधारण बिंदी भी ख़ूबसूरत स्त्री के माथे पर विराजती है। उसका स्थान माथे पर ही है।

कहने का भाव है कि किसी व्यक्ति में उच्च पद प्राप्त करने की योग्यता न हो तो वह वस्त्राभूषणों या धन-दौलत से उच्च पद को प्राप्त नहीं कर सकता है और साधारण रंग-रूप वाले योग्य व्यक्ति को उच्च पद ही मिलता है।

पायल माणिक्य जड़ी है, लेकिन उसका स्थान पैर तक ही सीमित है और बिंदी साधारण है, फिर भी वह ललाट की शोभा बढ़ा रही है। योग्यता और सीमा को समझें। नकल न करें। खुद को पहचान कर स्थान पाने का प्रयास करें। आप जब पायल का गुण रखते हैं तो बिंदी कैसे बन सकते हैं?

चल्यौ जाइ, ह्यां को करै हाथिनु के व्यापार।
नहिं जानतु, इहिं पुरबसैं धोबी, ओड़, कुंभार॥

बिहारी कहते हैं—ऐ हाथी के व्यापारी, तुम यहां से चले जाओ। यहां हाथियों के व्यापार की महत्ता को कोई नहीं जानता अर्थात् गुणों का क्रय-विक्रय करने वाले यहां नहीं हैं। क्या तुम्हें इस बात का ज्ञान नहीं कि यहां सब धोबी, ओड़ तथा कुम्हार यानी ओछी सोच वाले लोग रहते हैं? इनका वास्ता हाथी से नहीं गधों से है। तुम हाथी के व्यापारी यानी गुणी व्यक्ति हो, इनको इससे कोई लेना-देना नहीं है।

कहने का भाव है कि गुणी जनों का क्या काम छोटे व निकृष्ट जनों की मंडली में। वे गुणों के ग्राहक नहीं बल्कि अवगुणों के ग्राहक हैं।

वेन इहां नागर, बढ़ी जिन आदर तोआब।
फूल्यौ अन फूल्यौ भयौ गंवई-गांव, गुलाब॥

बिहारी कहते हैं–गुलाब, तू यह क्यों नहीं समझता कि इस नगर के लोग ज्ञानी नहीं हैं और उन्हें गुणीजनों की पहचान नहीं है। तेरी कीमत, महत्ता और शोभा गुणीजनों के बीच ही है। इन अनाड़ियों की बस्ती में खिला हुआ होकर भी तू अनखिला है। तेरी ख़ुशबू और सौंदर्य का मूल्य यहां नहीं लगने वाला। तेरा यहां होना–न होना इनको प्रभावित नहीं करने वाला।

कहने का भाव है कि गंवारों के बीच जैसे गुलाब की ख़ुशबू व सौंदर्य की कोई कीमत नहीं है, उसी तरह से विद्वानों की कद्र अज्ञानियों की बस्ती में नहीं होती है। मूर्खों की बस्ती का त्याग कर देने में ही भला है।

इहीं आस अटक्यौ रहतु अलि गुलाब कैं मूल।
हवै हैं फेरि बसंत ऋतु इन डारनु वे फूल॥

भ्रमर की सज्जनता और आशावादिता का वर्णन करते हुए बिहारी कहते हैं कि भ्रमर का गुलाब के प्रति अंधा प्यार ग़ज़ब का है। गुलाब की फूल–पत्तियां झड़ गई हैं और वह ठूंठ पेड़ की तरह हो गया है, फिर भी भ्रमर उसकी डाली से इस आशा से चिपका है कि वसंत ऋतु में इसकी डालियों में वे फूल अवश्य ही खिलेंगे, जिनका रसास्वादन वह करता था।

कहने का भाव है कि सच्चे मित्र दुर्दिनों में भी साथ नहीं छोड़ते हैं और इस आशा के साथ बने रहते हैं कि कभी–न–कभी तो दुर्दिन समाप्त होंगे। भ्रमर की तरह अपने चाहने वालों का साथ दीजिए। दुर्दिनों में भी उनका साथ न छोड़िए।

कोकहि सकै बड़ेनु सौं लखैं बड़ीयौ भूल।
दीने दई गुलाब की इन डारनु वे फूल॥

बिहारी कहते हैं–विधाता को तो देखो, गुलाब की कांटेदार डालियों में कितने सुन्दर, कोमल और ख़ुशबूदार फूलों को दिए हैं। लेकिन विधाता में कोई कमी कैसे निकाल सकता है, वह तो सर्वशक्तिमान है।

बिहारी आगे कहते हैं कि बड़ों से उनकी कितनी भी बड़ी भूल को देखकर कोई नहीं कहता कि यह भूल है। यह समाज की कैसी लीला है...? कैसी व्यवस्था है?

कहने का भाव है कि बड़ों की भूल भूल नहीं मानी जाती क्योंकि वे कुछ सोचकर ही भूल करते हैं। इसमें लोगों का हित ही छिपा होता है।

समै समै सुंदर सबै, रूपु कुरूप न कोइ।
मन की रुचि जेती जितै, तेति रुचि होइ॥

बिहारी कहते हैं–संसार की हर चीज़ खूबसूरत है। इस संसार में बदसूरत कोई चीज़ नहीं है। समय-समय और अपने-अपने अवसर पर हर चीज अच्छी लगती है। मनुष्य की रुचि जिस समय जिस चीज़ में होती है, उस समय उसे वही चीज़ मनभावन दिखती है। कहने का भाव है कि उम्र, समय और रुचि के अनुसार ही कोई चीज़ अच्छी लगती है। विधाता ने जो कुछ भी इस दुनियां में बनाया है, वह अनुपम है, सुंदर है और अद्वितीय है। उसे खराब या कुरूप नहीं कहा जा सकता। जो कल तक कुरूप था, वह अगले दिन ज़रूरत पड़ने पर सुंदर लगने लगता है। यह आजमाई हुई बात है। इसे झुठलाया नहीं जा सकता।

या भव-पारावार कौं उलंघि पार को जाइ।
तिय-छवि छाया ग्राहिणी ग्रहै बीच हीं आइ॥

बिहारी कहते हैं–इस संसार रूपी भवसागर के पार लांघ कर कौन जा सकता है, स्त्री जो बीच में आ जाती है। उसकी मोहिनी छवि भवसागर को लांघने ही नहीं देती है। उसकी मोहिनी छवि पकड़कर खींच लाती है।

कहने का भाव है कि संसार रूपी भवसागर को पार करने के लिए 'तिय-छवि छाया ग्रहिणी' यानी मोह, माया, लोभ, काम, ऐश्वर्य से नाता तोड़कर ईश भजन की आवश्यकता है।

दिनदस आदरू पाइ कै करि लै आपु बखानु।
जौ लगि काग! सराध पखु, तौ लगि तौ सनमानु॥

बिहारी कहते हैं—हे काग! दस दिन आदर-सम्मान पाकर तू अपनी तारीफ कर ले, लेकिन तुझे यह समझना चाहिए कि तेरा यह मान-सम्मान सिर्फ श्राद्ध पक्ष तक ही है। श्राद्ध पक्ष के बीतते ही तुझे कोई भी आदर-सम्मान नहीं देगा।

कहने का भाव है कि नीच लोगों को किसी खास अवसर पर या किन्हीं मजबूरियों वश आदर-सम्मान मिलता है तो उन्हें गौरवान्वित न होकर आभारी होना चाहिए। इससे उनका कद बड़ा ही होता है।

मरतु प्यास पिंजरा-पर्‌यौ सुआ समै कैं फेर।
आदरु दै दै बोलियत बाइसु बलि की बेर॥

बिहारी कहते हैं—समय का फेर देखो, तोता पिंजरे में कैद प्यास से मर रहा है और घर के सभी लोग पिंड दान देने के कार्य में तल्लीन हैं। और काक का भाग्य देखो, उसे खिलाया-पिलाया जा रहा है। श्राद्धकार्य में कौए को खिलाने का महात्म्य है। उससे मृतक को सद्‌गति प्राप्त होती है।

कहने का भाव है कि सब समय का फेर है। समय ही सबसे अधिक बलवान है। जिस तोते को शौक से पिंजरे में पाला गया है, उसे कोई नहीं पूछ रहा है और कौए को खीर खिलाई जा रही है। यह समय के फेर की ही तो बात है। आज तोते का समय ठीक नहीं है, कौए का समय उसके अनुकूल है। समय की महत्ता को समझें और उसी के अनुरूप खुद को ढालने का प्रयास करें, नहीं तो आपकी भी हालत तोते की तरह ही हो सकती है।

कहै यहै श्रुति सुम्रत्यौ, यहै सयाने लोग।
तीन दबावत निस कहीं पातक, राजा, रोग॥

बिहारी कहते हैं—श्रुति, स्मृति तथा सयाने लोग अर्थात्‌ ज्ञानी-ध्यानी भी यही कहते हैं कि राजा, रोग और पातक यानी दुष्ट व्यक्ति ये तीनों ही कमजोर को अधिक दबाते हैं अर्थात्‌ अधिक कष्ट पहुंचाते हैं। इनके सामने भूलकर भी अपनी कमजोरी व्यक्त न करें और न ही इनसे दिल की बात करें।

कहने का भाव है कि अपनी कमजोरियों को पहचानें और उनके कारणों का पता लगाकर दूर करें, तभी आप दबंग लोगों के जुल्मों के शिकार होने से बचे रह सकते हैं।

सो सिर धरि महिमा मही लहियति राजा राइ।
प्रगटत जड़ता अपनियै सु मुकटु पहिरत पाइ॥

बिहारी कहते हैं—जिस मुकुट (ताज) को सिर पर रखकर राजा पृथ्वी का सुख भोगता है और चारों दिशाओं में उसकी महिमा का गुणगान होता है, अगर उस मुकुट को पांव में कोई पहने तो इसमें मुकुट का क्या कसूर है, यह तो मुकुट पहनने वाले की मूर्खता का जीता-जागता प्रमाण है।

कहने का भाव है कि सम्मानीय व्यक्ति को अगर आप आदर नहीं दे रहे हैं, तो इससे आपकी ही तौहीन होती है। जो व्यक्ति आदरणीय है, वह तो आदरणीय ही रहेगा। उसकी महिमा आपके दुर्व्यवहारों से घटने वाली नहीं, जैसे मुकुट को पांव में पहनने से मुकुट की महिमा में कोई कमी नहीं आती।

दूरि भजत प्रभु पीठि दै गुन-बिस्तारन-काल।
प्रगटत निर्गुन निकट रहि चंग-रंग भूपाल॥

बिहारी कहते हैं—गुणों का विस्तार करने से ईश्वर पतंग की तरह पीठ दिखाकर दूर भागता ही चला जाता है। फिर उसके करीब पहुंच पाना बहुत ही कठिन हो जाता है। जैसे पतंग की डोर बढ़ाते जाने से पतंग पकड़ से दूर होती चली जाती है और डोर समेट लेने से पतंग पकड़ में आ जाती है, वही हाल ईश्वर का भी है। उसको आप जितना भी अधिक जानने की कोशिश करते हैं, वह उतना ही अबूझ पहेली बनता चला जाता है। लेकिन निर्गुण रूप में सर्वज्ञ होने के कारण वह आपके बहुत ही क़रीब हो जाता है अर्थात् आपमें ही बस जाता है। ईश्वर अगम और अगोचर है। वह क्या है, कैसा है, यह न जानकर सिर्फ उसे स्वयं में महसूस करने से ही वह प्राप्त हो जाता है।

कहने का भाव है कि ईश्वर को निर्गुण रूप में स्वीकार करना ही ठीक है। उसे किसी ने देखा तो है नहीं कि सगुण रूप की कल्पना कर उम्र यूं ही गंवाई जाए।

अधर धरत हरि कैं, परत ओठ-डीठि-पट-ज्योति।
हरति बांस की बांसुरी इंद्रधनुष-रंग होति।।

बिहारी कहते हैं—एक सखी राधा से कह रही है—भगवान श्रीकृष्ण के अपने होंठों पर मुरली रखते ही और उस पर श्रीकृष्ण के होंठ, नज़र तथा पट की ज्योति पड़ते ही वह हरे बांस की मुरली इंद्रधनुष के रंग की हो गई। अगर आप भी वहां पहुंच गईं तो आपका भी रूप-सौन्दर्य इंद्रधनुष के रंग में रंग जाएगा।

कहने का भाव है कि ईश्वर की कृपा ऐसी ही है, जिस पर हो जाए उसका भी रंग ईश्वर तुल्य ही हो जाता है।

तौ अनेक औगुन-भरिहिं चाहै याहि बलाइ।
जौ पति संपति हूं बिना जदुपतिराखे जाइ।।

बिहारी कहते हैं—जदुपति यानी भगवान श्रीकृष्ण अगर संपत्ति के बिना भी लाज रख दें अर्थात् परिवार का भरण-पोषण कर दें, तो फिर अनेक अवगुणों से भरी हुई इस संपत्ति की मुझे क्या आवश्यकता है। ऐसी विध्वंसक बला का क्या करना।

कहने का भाव है कि ईश्वर की कृपा हम पर बनी रहे। यही सबसे बड़ी दौलत है। इनके कृपा के बिना प्राप्त दौलत तो पतन की ओर ले जाने वाली होती है। आदमी इसके मद में चूर होकर तरह-तरह के अवुगणों का शिकार हो जाता है।

यह बरियानहिं और की, तूं करिया वह सोधि।
पाहन-नाव चढ़ाई जिहिं कीने पार पयोधि।।

बिहारी कहते हैं—यह समय भवसागर पार करने का है। कोई अदना-सा काम नहीं है। तू मांझी का सुमिरन ध्यान से कर ले। उसको मन में धर ले। भवसागर का मांझी कोई और नहीं वही प्रभु राम हैं, जिन्होंने भालू और बंदर पत्थर की नाव पर चढ़ाकर समुद्र से पार करा दिया था।

कहने का भाव है कि तुझे भवसागर पार करना है तो मन में प्रभु को बसा ले। वही एक हैं, जो भवसागर के पार तुझे भेज सकते हैं।

जौ चाहत, चटक न घटै, मैली होइ नुमित्त।
रज राजसु न छुवाइ तौ नेह-चीकनौं चित्त॥

बिहारी कहते हैं—मित्रो! अगर आप चाहते हैं कि मन की रंगत धूमिल न हो और वह मैली यानी कुविचारों से गंदी न हो तो रजोगुणी रज के स्नेह से चिकनाए हुए मन का स्पर्श न होने दें।

कहने का भाव है कि कोमल व स्निग्ध मन को गर्व, दर्प, मोह, लालच, काम आदि के क़रीब न आने दें। ये मन को गंदा कर उसकी पवित्रता कम कर देते हैं।

बसै बुराई जासु तन, ताहि को सनमानु।
भलौ भलौ कहि छोड़ियै खोटैं ग्रहजपुदानु॥

बिहारी कहते हैं—जिस के तन-मन में बुराई बसती है, उसको सभी लोग सम्मान देते हैं। यानी डर कर सम्मान देना ही पड़ता है। अच्छों को अच्छा कहकर यूं ही छोड़ दिया जाता है, पर क्रूर ग्रह के आगमन पर दान, जप, पूजा आदि होते हैं।

कहने का भाव है कि सीधे व्यक्ति से कोई नहीं डरता है। सब दुर्जनों से ही डरते हैं और उन्हें ख़ुश रखने का उपाय ढूंढते रहते हैं। इस दुनिया की यही रीति है।

जनमु जलधि, पानिपु बिमलु, भौ जग आधु अपारू।
रहै गुनी ह्वै गर-पर्यो, भलैं न मुकता-हारू॥

बिहारी मुक्ता हार के विषय में कह रहे हैं कि मुक्ता समुद्र से पैदा हुआ है, इसकी चमक निर्मल है तथा संसार में इसका काफी मोल है यानी बहुत क़ीमती है। इतने गुणवाला होकर भी मुक्ता हार जो गले में पड़ा रहता है, यह आदरपूर्वक रहना नहीं है अर्थात् उसका यह अपमान है।

कहने का भाव है कि उच्च कुल के सज्जन व्यक्ति बिना मान के किसी स्थान पर पड़े रहते हैं, तो इससे उनके गुणों का सही-सही मूल्यांकन नहीं हो पाता है।

भजन कह्वौ, तातैं भज्यौ, भज्यौन एकौ बार।
दूरि भजन जातैं कह्वौ, सो तैं भज्यो गंवार॥

बिहारी कहते हैं–अरे मूर्खों! जिसको भजने को कहा गया, उससे तो तुम दूर भागे और उसको एक बार भी नहीं भजे, लेकिन जिसे भजने से मना किया गया, उसको तुमने खूब भजा, फिर तुम्हारी सद्गति कैसे होगी। अब व्यर्थ में ही रोने से क्या फायदा?

कहने का भाव है कि अच्छी बातों का तो कभी अनुसरण नहीं किया और विषय भोगों में सदा लिप्त रहे, भला मुक्ति कैसे मिलेगी?

प्यासे दुपहर जेठ के फिरे सबै जलु सोधि।
मरुधर पाइ मतीरु ही मारु कहत पयोधि॥

बिहारी कहते हैं–जल की तलाश में भटक रहे जेठ के प्यासे मारवाड़ी दोपहर के समय मारवाड़ में बड़ा तरबूज पाकर इतना खुश हो गए कि तरबूज को ही पयोधि यानी क्षीर-सागर समझ बैठे।

कहने का भाव है कि कोई दुर्लभ वस्तु ढूंढ़ने पर भी न मिले और उस जैसी कोई दूसरी वस्तु दिख जाए तो ऐसा लगता है जैसे कोई अजूबा उन्होंने देख लिया हो, तभी तो तरबूज को मारवाड़ियों ने पयोधि समझ लिया। तरबूज कुछ तो प्यास बुझाएगा ही। यह तो इतराने वाली बात ही है।

विषम वृषादित की तृषा जिये मती रनु सोधि।
अमित, अपार, अगाध-जलु मारौ मूड़ पयोधि॥

बिहारी कहते हैं–वृष राशि के प्रचंड सूरज की गर्मी की प्यास से तड़फड़ाते हुए मारवाड़ी तो पतीरों की तलाश करके जिएं, फिर अथाह जल वाले क्षीर सागर का क्या करना, जब वह मिलने वाला ही नहीं।

कहने का भाव है कि जब कुएं के जल से प्यास बुझ जाए तो पयोधि यानी क्षीर सागर के पीछे क्या भागना, जो मिलने वाला ही नहीं। जो चीज़ वक्त पर काम आए, वही महत्त्वपूर्ण होती है।

तो लगु या मन-मदन मैं हरि आवैं किहिं बार।
बिकट जटे जौ लगु निपट खुटैं न कपट-कपाट॥

बिहारी कहते हैं–आपके मन में प्रभु आएं भी तो किस रास्ते से आएं। आपने तो कपट रूपी किवाड़ से मन-द्वारों को बंद कर दिया है। कपट रूपी किवाड़ को खोलकर तो देखो, प्रभु की कृपा आप पर होती है कि नहीं।

कहने का भाव है कि कपट-छल का साथ छोड़ने के बाद ही हरि की कृपा हो सकती है। कपटी पर ईश्वर की कृपा नहीं होती है।

छुटत मुठिनु संग ही छुटी लोक-लाज, कुल-चाल।
लगे दुहुनु इकबेर ही चल चित, नैन गुलाल॥

बिहारी कहते हैं–प्रेयसी-प्रियतम होली खेलने में मशगूल हैं। गुलाल भरी मुट्ठियों के खुलते ही लोक-लाज और खानदान की मान-मर्यादा भी छूट गई और दोनों के तन-मन तथा आंखों में एक साथ ही गुलाल लग गए।

कहने का भाव है कि होली का त्योहार ऐसा है, जिसमें मान-मर्यादा की सारी सीमाएं टूट जाती हैं और स्वच्छंद होकर युगल तन-मन को रंगने लगते हैं।

भाल-लाल बेंदी-छए छुटे बार छबि देत।
गह्यो राहु, अति आहु करि, मनु ससि सूर समेत॥

बिहारी नायिका की खूबसूरती का चित्रण करते हुए कहते हैं–नायिका ने नहाने के बाद लाल बिंदी तो लगा ली है, लेकिन अभी बाल यूं ही खुले हुए और माथे पर बिखरे हुए हैं। बिखरे बाल तथा लाल बिंदी यूं शोभा दे रहे हैं जैसे राहु ने ललकार कर चंद्र को सूर्य सहित पकड़ लिया है अर्थात् चंद्र-ग्रहण तथा सूर्य-ग्रहण इस समय दोनों ही लगे हुए हैं और यह समय सहवास के लिए अति उत्तम है।

रह न सकी अब जगत में सिसिर-सीत कैं त्रास।
गरम भाजि गढ़वै भई तिय-कुच अचल मवास॥

बिहारी शिशिर ऋतु का चित्रण करते हुए कहते हैं– शिशिर यानी जाड़े की ठंड के डर से गरमी का बुरा हाल है और सारे संसार में उसे और कहीं भी जगह न मिली तो वह भागते-बचते स्त्री के कुच रूपी अचल गढ़ में समा गई।

कहने का भाव है कि शिशिर ऋतु में कहीं गर्मी है तो वह केवल स्त्रियों के कुचों में ही है। कहीं दूसरी जगह गर्मी नहीं मिलने वाली।

झूठे जानि न संग्रहे मन मुंह-निकसे बैन।
याही तैं मानहु किये बातनु कौं बिधि नैन॥

बिहारी कहते हैं–लोग इतना झूठ बोलने लगे हैं कि मुंह से निकली बात भी मन ने झूठी समझ ली और उस पर कोई ध्यान नहीं दिया, मानों इसी वजह से विधाता ने सच्ची बातों के लिए आंखें बनायी हैं।

कहने का भाव है कि आज किसी का किसी पर इतना भरोसा भी नहीं रहा कि वह मन से निकली बात को भी समझ सके, जबकि सच्चाई यह है कि मन के सच्चे भाव आंखों से स्वाभाविक रूप से ही प्रकट हो जाते हैं। बस आंखों की भाषा पढ़ने की ज़रूरत है।

स्वारथु, सुकृतु न, श्रमुवृथा, देखि बिहंग बिचारि।
बाज पराएं पानि परि तूं पच्छीनु न मारि॥

बिहारी कहते हैं–हे बाज! तू दूसरे के अधीन होकर यानी दूसरे के वशीभूत होकर निर्दोष और असहाय पक्षियों की हत्या न कर। हे विहंग, (पक्षियों का शिकारी बाज), जरा सोचने-समझने का प्रयास कर और अपनी खुली आंखों से देख, इस कुकृत्य में न तो तेरा कोई हित है और न यश ही है, केवल तू मिथ्या ही श्रम कर रहा है।

कहने का भाव है कि आदमी को दूसरे के वशीभूत होकर वह कार्य नहीं करना चाहिए, जो उसके हित में न हो और न ही कोई लाभ हो। पराधीनता में भी सुकृत्य करने की कोशिश होनी चाहिए।

कन दैबौ सौंप्यो ससुर, बहू थुरहथी जानि।
रूप-रहचटैं लगि मांगन सबु जगु आनि॥

बिहारी कहते हैं–नई-नवेली बहू को कृपण समझकर ससुर बहुत ही प्रसन्न हुआ और उसे दरवाजे पर आए भिक्षुकों को अन्न देने का कार्य सौंप दिया ताकि अन्न कम लगे। लेकिन युवा व रूपवान बहू के रूप-सौंदर्य के लोभ में सारा संसार ही भिक्षुक बनकर भीख मांगने आने लगा, इससे और भी अधिक अन्न लगने लगा।

कहने का भाव है कि यदि बांटने वाला पात्र ख़ूबसूरत हो तो तब जो भिक्षुक नहीं होते हैं, वे भी भिक्षुक बनने में जरा-सा भी संकोच नहीं करते।

प्राण प्रिया हिय मैं बसै, नखरेखा-ससि भाल।
भलौ दिखायौ आइ यह हरि-हर रूप, रसाल॥

बिहारी कहते हैं–दिल में तो प्राण के समान प्यारी स्त्री बसी है जैसे भगवान विष्णु के हृदय में श्रीलक्ष्मी का वास है और नखरेखा रूपी शशि जैसे भोलेनाथ के भाल पर विराजमान है। हे रसाल, आज आपने हरि और हर का यह अद्‌भुत रूप एक साथ दिखाकर धन्य कर दिया।

कहने का भाव है कि दिल और दिमाग में बसने वाली स्त्री कोई साधारण नहीं होती है। वह अपने कुशल व्यवहारों से ही यह पद प्राप्त करती है।

मान हु मुंह-दिखरावनी दुलहिहिं करि अनुरागु।
सासु सदनु, मनु ललन हूं, सौतिनु दियौ सुहागु॥

बिहारी कहते हैं–दुल्हन के आते ही सास ने घर की जिम्मेदारी, पति ने अपना मन और सौतनों ने भी अपने-अपने हिस्से का सुहाग यानी पति-प्रेम बहुत ही सहजता से हमेशा के लिए दे दिया मानो दुल्हन को मुंहदिखाई में ही ख़ुशी-ख़ुशी सबने ये अनमोल चीज़ें भेंट की हों।

कीजै चित सोई, तरे जिहिं पतितनु के साथ।
मेरे गुन-औगुन-गननु मनौन, गोपीनाथ॥

बिहारी कहते हैं–कन्हैया! मेरे गुण-अवगुणों की संख्या का हिसाब मत रखो क्योंकि ऐसा करोगे तो मेरा उद्धार नहीं हो सकेगा। अपने मन में दया भाव रखो, जिस दयाभाव से पतितों को तुमने तारा है।

कहने का भाव है कि गुण-अवगुण का ध्यान न रखकर आप बस मुझपर अपनी कृपा बरसा दो।

रबिबंदौ कर जोरि, ए सुनत स्याम के वैन।
गए हंसौं है सबनु के अति अनखौ हैं नैन॥

बिहारी कहते हैं–कन्हैया गोपियों के वस्त्र लेकर कदंब के पेड़ पर जा बैठे हैं। उनके बहुत आग्रह करने पर भी वह वस्त्र नहीं दे रहे हैं, तो वे अत्यंत ही रोष से भर गयीं। फिर कन्हैया ने कहा कि वे हाथ जोड़ कर सूर्य आराधना करेंगी तब उन्हें वस्त्र मिलेंगे। कन्हैया के ये कथन

सुनते ही सभी गोपियों का रोष छूमंतर हो गया और वे बरबस ही मुस्करा पड़ीं कि कन्हैया कितना नटखट है। सूर्य आराधना के बहाने उनके नंगे शरीर को देखना चाहता है।

बड़े न हूजै गुननु बिनु बिरद-बड़ाई पाई।
कहत धतूरे सौं कनकु, गहनौ गढ्यौ न जाइ॥

बिहारी कहते हैं–बिना गुण के केवल थोथी प्रशंसा या बड़ाई पाकर बड़ा नहीं हुआ जाता। बड़ा होने के लिए गुण ज़रूरी है। लोग तो धतूरे को भी कनक कहते हैं, जो नाम सोने का भी है, लेकिन धतूरा कनक नाम पा लेने से सोना थोड़े ही हो जाता है। अगर ऐसा ही होता तो क्या धतूरे से गहना नहीं गढ़ा जाता।

कहने का भाव है कि बड़े लोगों का नाम पा जाने से आदमी बड़ा नहीं हो जाता, इसके लिए अनुकूल योग्यता की भी ज़रूरत है।

कनक कनक तैं सौगुनी मादकता अधिकाइ।
उहि खाएं बौराई इहिं पाएं ही बौराइ॥

बिहारी कहते हैं–स्वर्ण की मादकता धतूरे से सौ गुणा अधिक है क्योंकि धतूरे को खाकर आदमी बौराता है जबकि स्वर्ण को पाने मात्र से ही आदमी बौरा जाता है।

कहने का भाव है कि धन का नशा किसी भी मादक द्रव्य के नशे से अधिक होता है क्योंकि मादक द्रव्य का नशा व्यक्ति पर खाने के बाद चढ़ता है, पर धन का नशा पाने मात्र से ही चढ़ जाता है। इसलिए आदमी को धनवान होने के बाद खुद पर संयम रखना चाहिए।

बिनती रति विपरीत की करी परसि पिय पाइ।
हसि, अनबोलैं हीं दियौ ऊतरू, दियौ बताइ॥

बिहारी कहते हैं–प्रियतम ने प्रेयसी से विपरीत रति यानी अलग अंदाज में सहवास करने का आग्रह चरण स्पर्श करके किया तो प्रेयसी ने हंस दिया और बिना कुछ कहे ही झट से दीपक बुझा दिया अर्थात् प्रियतम के आग्रह को उसने मौन साधे स्वीकार कर लिया।

कहने का भाव है कि दीपक बुझाकर प्रेयसी ने यह इशारा व्यक्त किया कि विपरीत सहवास वह उजाले में नहीं कर सकती, दीपक के बुझने के बाद ही ऐसा सहवास संभव है।

हरि-हरि! बरिबरि उठति है, करि-करि थकी उपाइ।
बाकौ जरु, बलि बैद, जौ तो रस जाइ, तू जाइ॥

बिहारी कहते हैं—नायिका की विरह वेदना अपने चरम पर है। वह हाय-हाय, बार-बार बोलती है और कहती है कि मैं तो उपाय कर-करके थक गई, पर कोई फ़ायदा नहीं हुआ। नायिका वैद्य को संबोधित करके कह रही है—वैद्यजी, मैं आपको बलि जाऊं। अब तो कोई रास्ता नज़र नहीं आता। विरह ताप बढ़ता ही जा रहा है। शायद तुम्हारी औषधि से विरह ताप कुछ कम हो जाए।

कहने का भाव है कि विरह वेदना दवा या किसी उपाय से कम नहीं होती। प्रियतम की छांव ही विरह ताप कम कर पाने में समर्थ होती है। प्रियतम के अभाव में यह रोग लाइलाज ही होता है।

केसरि कै सरि क्यौं सकें, चंपकु कित कुअनूपु।
गात-रूप लखि जातु दुरि जात रूप को रूपु॥

बिहारी कहते हैं—स्त्री-सौंदर्य का मुकाबला केसर नहीं कर सकता और चंपक कितना भी अनूप क्यों न हो, नायिका के आभा की बराबरी भला कैसे कर सकता है, वह तो सुंदरता की प्रतिमा है। उसके शारीरिक सौंदर्य के सामने स्वर्ग की आभा, जो स्वाभाविक रूप से ही सुंदर है, वह भी फीकी पड़ जाती है।

कहने का भाव है कि वह रूपसी अतुलनीय है और उसकी तुलना किसी अन्य चीज़ से नहीं की जा सकती। यही होता है, जब कोई स्त्री मन में बस जाती है, तब वह हर चीज़ से बीस ही दिखती है।

मकराकृति गोपाल कैं सोहत कुंडल कान।
धर्‌यो मनौ हिय-धरममरू, ड्योढ़ी लसत निसान॥

बिहारी कहते हैं—एक सखी कृष्ण के रूप का वर्णन कर रही है—गोपाल के कानों में जो मकराकृति कुंडल है, वह ऐसे खिल रहा है

जैसे हृदय रूपी क्षेत्र को कामदेव ने जीत लिया हो, जिससे निशान ड्योढ़ी पर फहरा रहे हैं।

कहने का भाव है कि हृदय क्षेत्र में दाखिल होने का रास्ता कान ही हैं। इसलिए कान में झूल रहे कुंडल के सौंदर्य का वर्णन किया गया है।

नीकौलसुत लिलार पर टीकौ जरितु जराइ।
छबिहिं बढ़ावत रवि मनौ ससि-मंडल मैं आइ॥

बिहारी कहते हैं–नायिका के माथे पर नग जड़ा टीका यानी बिन्दी है, वह नायक को आकर्षित कर रही है और बिंदी उसके माथे पर ऐसे शोभित हो रही है मानो चंद्रमंडल में आकर सूर्य ठहर गया हो तथा उसका सौंदर्य और अधिक बढ़ा दिया हो।

कहने का भाव है कि नायिका के ललाट यानी माथे पर जड़ाऊ बिंदी सूर्य के समान चमक रही है और उसकी छवि को द्विगुणित कर रही है।

कोऊ कोरिक संग्रहौ, कोऊ लाख हजार।
मो संपत्ति जदुपति सदा विपति-विदारन हार॥

बिहारी कहते हैं–कोई लाखों का धन जमा कर ले, चाहे कोई करोड़ों का, पर मेरी संपत्ति तो दु:खों का नाश करने वाले यदुपति यानी भगवान श्रीकृष्ण हैं। मुझे और किसी धन की आवश्यकता नहीं है।

कहने का भाव है कि मेरी संपत्ति भगवान हैं। उनकी कृपा होनी चाहिए। धन ही क्या करेगा जब उनकी कृपा नहीं होगी।

कहति ने देवर की कुबत कुल-तिय कलह डराति।
पंजर-गत मंजार-ढिग सुक ज्यौं सूकति जाति॥

बिहारी कहते हैं–कुल-तिय अर्थात् कुलवधू अशांति से डरती है, वह नहीं चाहती कि परिवार में इस बात को लेकर कलह-क्लेश हो कि रसिक मिज़ाज का देवर उसे छेड़ने से बाज नहीं आता है। वह उसे खरी-खोटी भी नहीं सुना पाती है और बिल्ले रूपी देवर के खौफ़ से पिंजरे में बंद डरी-सहमी तोते की तरह दिन-रात सूखती जा रही है।

पतिव्रता कुलवधू की अन्तर्पीड़ा का जीवंत चित्रण कवि ने किया है। देवर को बिल्ला और भाभी को पिंजरे में कैद तोता की संज्ञा देकर कवि

ने यह जताने की कोशिश की है कि किस तरह से घर में भी औरत असुरक्षित है। भाई से कहे तो भाई-भाई में दुश्मनी। देवरानी से कहे तो परिवार में कलह। आखिर वह ऐसे में चुप रहकर खुद को ही यातना दे रही है।

कब कौ टेरतु दीन रट, होत न स्याम सहाइ।
तुम हूं लागी जगत-गुरु, जग-नाइक, जग बाइ॥

बिहारी भगवान श्रीकृष्ण को उलाहना देते हैं—हे श्याम! मैं कब से दीन-हीन होकर तुम्हें पुकार रहा हूं और तुम हो कि मदद के लिए आ नहीं रहे। मुझे लगता है कि तुम्हें भी हे जगत्गुरु, दुनिया की हवा लग गई है। ऐसा तो नहीं होना चाहिए, शिष्यों को गुरु से प्रभावित होते तो मैंने देखा है, पर गुरु शिष्य से प्रभावित हो, यह तो उलटी गंगा बहने जैसा है।

कहने का भाव है कि भगवान के प्रभाव में तो व्यक्ति आ सकता है, पर भगवान व्यक्ति के प्रभाव में नहीं आ सकता है। समझ में नहीं आ रहा, तुमने कब से दीन-हीन से नाता तोड़ लिया। भक्त का ईश्वर के प्रति प्रेम यहां दर्शाया गया है। भक्त दुःखी होने पर अक्सर ही भगवान को उलाहना देते हैं।

मैं ही जान्यो लोइननु जुरत बाढ़ि है ज्योति।
को ही जानतु, दीठि कौं दीठि किरकिटी होति॥

बिहारी कहते हैं—प्रेम के बाद की अनुभूति का वर्णन करते हुए नायिका कह रही है—मैं तो जानती थी कि आंखों से आंखें मिलने के बाद ज्योति और बढ़ जाएगी अर्थात् आनंद में और वृद्धि हो जाएगी, लेकिन यह तो बिल्कुल ही उल्टा अनुभव रहा—आंखों के लिए आंखें किरकिरी हो गयीं। यानी आंख से आंख मिल जाने के बाद तो दुःख-ही-दुःख हो गया। आठों पहर नयन आंसू ही बहा रहे हैं। यह तो आंखों में किरकिरी यानी धूल-कण पड़ जाने जैसा दर्द हो रहा है।

कहने का भाव है कि प्रेम से पहले जो आकर्षण होता है वैसा आनंद प्रेम के बाद भी हो यह कोई ज़रूरी नहीं, क्योंकि प्रेम के बाद का अनुभव अक्सर दुःखद ही हुआ करता है। प्रेमी न मिला तब दुःख, प्रेमी मिल गया पर प्रेम न रहा तो भी दुःख, फिर प्रेम करने से क्या लाभ?

बंधु भए का दीन के, को तार्‌यो, रघुराइ।
झूठे-झूठे फिरत हौ झूठे बिरद कहाइ।।

बिहारी भगवान से कहते हैं–हे रघुकुल दीपक राम! तुम किस दीन के बंधु हुए और तुमने किसको तारा। हे पतित तारन, ये झूठे-झूठे पतित तार कर तुम झूठे-झूठे खुश हुए फिरते हो।

कहने का भाव है कि जिन्हें तुमने तारा, वे सही अर्थों में पतित कहां थे और जिन दीनों के बंधु बने वे भी दीन कहां थे। सबसे बड़ा पतित और दीन तो मैं हूं। मुझ दीन-पतित को तारो तो मैं मानूं कि तुम पतित तारन और दीनबंधु हो। मेरा उद्धार करो। मैं सबसे बड़ा पापी हूं।

सीतलता अरु सुवास को घटै न महिमा मरु।
पीनस वारैं जौ तज्यौ सोरा जानि कपूरु।।

बिहारी कहते हैं–पीनस रोग से ग्रसित रोगी ने कपूर को शोरा समझकर छोड़ दिया है यानी उसकी महत्ता को अस्वीकार कर दिया है, तो इसका मतलब यह थोड़े ही हुआ कि कपूर की जो शीतलता और खुशबू है, उसकी महिमा घट गई। कपूर में तो हर हाल में ये गुण बने ही रहेंगे।

कहने का भाव है कि किसी अच्छी चीज़ की अच्छाई को न जानने वाले उस चीज़ का त्याग कर दें, तो इससे वह चीज़ गुणहीन नहीं हो जाती या उसका गुण घट नहीं जाता।

मरी डरी किटरी बिथा, कहा खरी, चलि चाहि।
रही कराहि अति, अब मुंह आहि न आहि।।

बिहारी कहते हैं–एक सखी दूसरी सखी से कह रही है–यहां खड़ी-खड़ी तू क्या सोच रही है, चलकर देख तो वह मरी पड़ी है या उसकी पीड़ा मिट गई। वह कराहकर अचानक ही शांत हो गई है। अब तो वह कराह भी नहीं रही है। कोई अनहोनी तो नहीं हो गयी। मुझे बड़ा डर लग रहा है।

कहने का भाव है कि दोनों सखियां तीसरी सखी के दुःखों से आहत भी हैं और चिंतित भी हैं, पर कुछ मदद नहीं कर पा रही हैं। सिर्फ दूर

से ही दुःख प्रकट कर रही हैं। मुंह से दुःख प्रकट करने से क्या लाभ? इतनी चिंता है तो पास जाकर उसकी मदद करने में क्या हर्ज है।

हौंरीझि, लखि रीझि हौ छबिहिं छबीले लाल।
सोन जुही सी ह्वोति दुति-मिलत मालती माल॥

बिहारी कहते हैं—नायिका की सहेली उसके रूप-सौंदर्य का वर्णन नायक से कर रही है—मैं तो उस पर मोहित हो गई हूं और तुम भी उसका रूप-सौन्दर्य देखकर अपना दिल दे बैठोगे तथा स्वयं के पौरुष पर गर्व करना भूल जाओगे। उसका गौर वर्ण अनुपम और अनोखा है और उसकी रंगत से मेल खाती उसकी माला में लगी हुई मालती सोनजूही की भांति सुनहरी दिखती है। वह अद्वितीय और अनोखी है।

कहने का भाव है कि नायिका के सौंदर्य का कोई जवाब नहीं है। देखने वाला बेमौत ही मारा जायेगा।

अपने अंग के जानि कै जोबन-नृपति प्रवीन।
स्तन, मन, नैन, नितंब की बड़ौ इजाफा कीन॥

बिहारी कहते हैं—जोबन-नृपति प्रवीन यानी दान, दण्ड आदि उपायों में निपुण राजा ने नवयौवना पर मोहित होकर उसके स्तनों, मन, नयनों, नितंबों में वृद्धि कर दी है।

कहने का भाव है कि दान व दण्ड में निपुण राजा ने अपनी प्रेयसी को भी स्तन, मन, नयन, नितंब आदि से परिपूर्ण कर दिया है। वह सर्वांग सुंदरी ग़ज़ब की मोहिनी बन गई है।

पति रति की बतियां कहीं, सखी लखी मुसकाइ।
कै कै सबै टलाटलीं, अलीं चलीं सुखु पाइ॥

बिहारी कहते हैं—रंगमहल में प्रेमी-प्रेयसी हास-परिहास कर रहे हैं। प्रेमी ने बातों-ही-बातों में रति की इच्छा धीरे से व्यक्त कर डाली। प्रेयसी ने मुसकरा कर अपनी सहेलियों को देखा। चतुर सहेलियों को यह समझते देर न लगी कि माजरा क्या है और वे कोई-न-कोई बहाना कर एक-एक कर रंगमहल से बाहर हो गयीं।

बिहारी ने उन हालातों का वर्णन इस दोहे में किया है जब सहेलियों से घिरी प्रेयसी है और अचानक रति की इच्छा प्रेमी के मन में जाग उठी है।

तो पर वारौं उरबसी, सुनि, राधिके सुजान।
तू मोहन कैं उर बसी ह्वै उरबसी-समान।।

बिहारी कहते हैं—सखी राधा को समझा रही है कि भगवान श्रीकृष्ण भला ऐसा कैसे कर सकते है? तू तो हर गुण से परिपूर्ण है... प्रवीण है। इतनी सुंदर है। इन्द्र के इंद्रासन की अप्सरा उर्वशी भी तेरे रूप दर्प के आगे फीकी है। तुझे नहीं पता, मैं जानती हूं, तू तो कन्हैया के हृदय में आभूषण के समान बसी हुई है। फिर कन्हैया के हृदय में दूसरी कैसे अपनी जगह बना सकती है?

बेधक अनियारे नयन, बेधतकरि न निषेधु।
बरबस बेधतु मो हियौ, तो नासा को बेधु।।

बिहारी नायिका के सौंदर्य पर मोहित नायक की दशा का वर्णन करते हुए कह रहे हैं—तुम्हारे नयन इतने नुकीले हैं कि बेधक बन गए हैं और जब तुम्हारे नयन बेधक हैं तो मेरा हृदय बेधने में अपने कर्तव्य के विरुद्ध काम थोड़े ही कर रहे हैं। तुम्हारा तो नासा यानी नाक छिद्र भी बेधक है और बरबस ही तुम्हारा नासा छिद्र मेरे हृदय को बेधता है।

कहने का भाव है कि नायिका के सभी अंगों का सौंदर्य दिल को बेधता है अर्थात् दिल को भाता है।

कौन भांति रहि है बिरदु अब देखिवी, मुरारि।
बींधे मोसौं आइ कै गीधे गीधहिं तारि।।

बिहारी कहते हैं—अब देखना है मुरारी कि आपका बिरद किस प्रकार रहेगा। आप एक सामान्य पापी गिद्ध (जटायु, संपाती) को तार कर मुझ महापापी से आ उलझे हैं। मुझ महापापी को तारो तो मैं जानूं।

कहने का भाव है कि कवि मुरारी के आगे खुद को गिद्ध से भी बड़ा पापी मान रहा है और प्रार्थना कर रहा है कि मुझे भी तारो नाथ। वह प्रभु को प्रार्थना के जरिए यह जतला रहा है कि जब गिद्ध को तार दिया तो मुझे क्यों नहीं तार सकते?

कहत, नटत, रीझत, खिझत, मिलत, खिलत, लाजियात।
भरे भौन में करत हैं, नैननु हीं सब बात।।

बिहारी कहते हैं—दो सखियां आपस में नायक-नायिका के बारे में बात कर रही हैं—देखो तो सही ये दोनों भरे भवन में कितनी निपुणता से आंखों-ही-आंखों से सारी बातें कर लेते हैं। कभी बात करते हैं, कभी मना करते हैं, कभी मोहित होते हैं, कभी खीझते हैं, फिर मेल कर लेते हैं, कभी हर्षित होते हैं और कभी शरमाते भी हैं। यानी सबके सामने भी इशारों-ही-इशारों में सारी इच्छाएं पूरी कर लेते हैं। वे कितने चतुर और मंजे हुए प्रेमी हैं। उन्हें तो कोई पकड़ ही नहीं पाता।

लखि गुरुजन-बिच कमल सौं सीसु छुवायौ स्याम।
हरि-सनमुख करि आरसी हियैं लगाई बाम।।

बिहारी कहते हैं—एक सखी दूसरी सखी से नायिका और नायक की चतुराई का वर्णन कर रही है—देखो तो सही कितने धीठ हैं। श्याम ने नायिका को गुरुजनों के बीच देखकर अपना सिर कमल से कैसे छुवाया। बाम यानी नायिका भी कम सयानी नहीं है। उसने आरसी में नायक की छाया लेकर उसे हृदय में बसाने का भाव दर्शाकर यह जतला दिया कि वह उसको अपने हृदय में रखती हैं। प्रेम को व्यक्त करने के तरीके और अंदाज अनेक हैं। सयाने और निपुण प्रेमी बड़ी सफ़ाई से अपने प्रेमाभाव व्यक्त कर देते हैं और सामने वालों को इसकी भनक तक भी नहीं लगती।

बिहारी के दोहों की यही तो विशेषता है। शृंगार रस का अनोखा चित्रण इस दोहे में हुआ है।

पाई महावर दैंन कौं नाइनि बैठी आइ।
फिरी फिरि, जानि महावरी, एड़ी मीड़ तिजाइ।।

बिहारी कहते हैं—सखियां नायिका की एड़ी के लाल रंग की आपस में तारीफ कर रही हैं—पैर में महावर देने के लिए नाइन आई, लेकिन वह भ्रम में पड़ गई। एड़ी की लालिमा और महावर में वह कोई अंतर ही नहीं कर पा रही। भ्रमित नाइन एड़ी को बार-बार महावर समझ कर मोड़ती जा रही है।

कहने का भाव है कि एड़ी की रंगत इतनी सुर्ख है कि महावर और एड़ी की रंगत में कोई फर्क ही जान नहीं पड़ता।

नहिं परागु नहिं मधु नहिं विकासु इहिं काल।
अली, कली ही सौं बंध्यौ, आगैं कौन हवाल॥

बिहारी ने भौंरे को माध्यम बनाकर नारी के सौंदर्य पर मुग्ध व्यक्ति को समझाने का प्रयास किया है—अभी तो इसमें पराग भी नहीं है, न ही अभी मीठा शहद ही है और न ही अभी विकास है। हे भौंरे, कली से ही बंधा हुआ है! अपने सारे काम-काज छोड़कर उसी में मग्न है, फिर जब आगे चलकर उसमें पराग, मधु तथा विकास होगा, तो सोचा है तेरी हालत क्या होगी?

कहने का भाव है कि आरम्भ में ही नारी-सौंदर्य के प्रति इतनी आसक्ति है तो फिर बाद में तुम्हारी दशा क्या होगी। तुम तो किसी काम के आदमी नहीं रहोगे।

देह दुलहिया की बढ़ै ज्यौं-ज्यौं जोबन-जोति।
त्यौं-त्यौं लखि सोत्यैं सबैं बदन मलिन दुति होति॥

बिहारी कहते हैं—दुल्हन के यौवन की ज्योति ज्यों-ज्यों बढ़ रही है, त्यों-त्यों इसको देखकर सभी सौतनों की देह की आभा कम हो गई है। कहने का भाव है कि दुल्हन के सजने-संवरने से उसका सौंदर्य और अधिक खिल गया है। उसकी सौतनें मन-ही-मन जलने लगी है।

जगतु जनायौ जिहिं सकलु, सो हरि जान्यौ नांहि।
ज्यौं आंखिनु सबु देखिये, आंखिन देखी जांहि॥

बिहारी कहते हैं—तुम उस हरि यानी परमपिता ब्रह्म को नहीं जानते, जिन्होंने संसार के बारे में सबको बताया। जैसे आंखों से सब कुछ नज़र आ जाता है, पर आंखें खुद नहीं देख पातीं वैसी ही स्थिति तुम्हारी है। सम्भल जाओ और परब्रह्म परमेश्वर को आज से ही जानना शुरू कर दो।

कहा लेहुगे खेल पैं, तजौ अटपट बात।
नैंक हंसौं ही हैं भई भौंहैं, सौहैं खात॥

बिहारी कहते हैं—सखी नायिका के रोष को उभरने से रोक रही है और नायक को भी आगाह कर रही है– तुम इस खेल से क्या लोगे। इस खेल से कुछ नहीं मिलने वाला। बेतुकी बातें तुम्हें शोभा नहीं देतीं, इनका त्याग कर दो। अर्थात् सिर्फ मज़ाक़ के लिए दूसरी स्त्री का नाम लेकर मेरी सहेली को मत चिढ़ाओ। देखो, बड़ी मुश्किलों से कसम खाते-खाते मेरी सहेली के चेहरे पर हंसी की आभा आयी है। उसे फिर से चिढ़ाने की कोशिश न करो।

कहने का भाव है कि नायक ने नायिका के सामने किसी दूसरी स्त्री के रूप-सौंदर्य की तारीफ कर दी है, जिससे नायिका चिढ़ और खीझ गई है और बीच-बचाव करती हुई सखी दोनों को समझा रही है कि मज़ाक़ में नायक ने ऐसा कह दिया है। हे सखी, तुम अपना गुस्सा पी जाओ। नायक को भी वह समझा रही है कि यह खेल ठीक नहीं। प्रेम की डोर टूट सकती है। यह बात अटपटी है। जीवन को नरक बनाने वाली है।

बैठि रही अति सघन बन, पैठि सदन-तन मांह।
देखि दुपहरी जेठ की छांहौं चाहति छांह।।

बिहारी कहते हैं—सखी नायिका से कह रही है—देखो, जेठ की दोपहरी को देखकर छाया भी छाया के नीचे आ छिपी है। वह इस समय घने जंगलों में बैठी हुई है या घरों के अंदर घुसी हुई है। वह इस समय कहीं नहीं नज़र आ रही।

कहने का भाव है कि तुम्हारा इस समय घर से बाहर निकलना ठीक नहीं है। जेठ की दोपहरी की धूप से तो छाया भी छिपती फिरती है अर्थात् ऐसे में घर से बाहर निकलना तुम्हारे प्राणों को संकट में डाल सकता है।

कहा भयौ, जौ बीछुरे, तोमनु तामनु-साथ।
उड़ी जाउ कित हूं, तऊ गुड़ी उड़ाइक हाथ।।

बिहारी कहते हैं—नायिका परदेश में है। अपने प्रेमी को उसने इस तरह से पत्र लिखा है—क्या हुआ, यदि हम इस समय अलग-अलग हैं। चिंता न करो, मेरा मन तो तुम्हारे मन के साथ ही है। तुम जब चाहो या

मैं जब चाहूं तब हम एक-दूसरे को आकर्षित कर सकते हैं, इतना तो प्यार हमारे बीच ही है। पतंग को देखो, वह किसी भी दिशा में उड़ती चली जाए, लेकिन वह उड़ाने वाले के हाथ में ही तो रहती है। मैं पतंग हूं और तुम मुझे उड़ाने वाले... भला मैं तुमसे अलग कैसे हो सकती हूं।

कहने का भाव है कि जब आपस में गहरा प्यार और अच्छी समझ हो तब दूरी कितनी भी हो, प्यार को कम नहीं कर पाती और लम्बा सफ़र तय करके प्रेमी आ ही जाता है बांहों में।

छुटी न सिसुता की झलक, झलक्यो जोवनु अंग।
दीपति देह दुहून मिली दिपति ताफता-रंग॥

बिहारी कहते हैं—नायिका के शरीर से अभी शिशुता यानी बचपन की झलक नहीं गई है अर्थात् बचपन का असर अभी उसके अंग-अंग पर है और यौवन भी अंग-अंग में नज़र आ रहा है। बचपन और यौवन दोनों की झलकों से शोभित उसकी देह और भी अधिक चमक उठी है। देह की खिलावट मन को सहज ही लुभा रही है।

कहने का भाव है कि यौवन व बचपन के मेल ने नायिका को आकर्षण का केन्द्र बना दिया है।

जौन जुगति पिय मिलन की, धुरि मुकति-मुंह दीन।
जौ लहियै संग सजन, तौ धरक नरक हूं की न॥

बिहारी कहते हैं—गोपियां उद्धव से कह रही हैं—हे उद्धव, अगर मोक्ष प्रियतम-प्राप्ति का उपाय नहीं तो हम ऐसी मुक्ति यानी मोक्ष के मुंह में धूल झोंकती हैं। यानी हमें ऐसी मुक्ति नहीं चाहिए। यह उपाय तुम अपने पास ही रखो और अगर प्रियतम का साथ मिले तो हमें नरक का भी डर नहीं।

कहने का भाव है कि वह मुक्ति हमें नहीं चाहिए, जिसमें प्रियतम का संग प्राप्त न हो। प्रियतम का साथ हो तो नरक भी मंजूर है।

चमक, तमक, हांसी, समक, मसक, झपट, लपटानि।
ए जिहिं रति, सोरति मुकति और मुकति अतिहानि॥

बिहारी कहते हैं—नारी सौंदर्य पर आसक्त पुरुष मानता है कि चमक, दमक, हंसी, झपट आदि भाव जिस स्त्री में हों, वह स्त्री ही

मुक्ति यानी विविध रसों और सुखों की खान है और असली मुक्ति ऐसी स्त्री के साथ में ही है और जिसमें ये भाव न हों, उसका साथ किस काम का? दूसरी मुक्ति तो अत्यंत ही हानिकारक है।

कहने का भाव है– सजी-संवरी, हंसमुख, चपल और दमक वाली स्त्री आनंददायिनी होती है।

जज्यौं उझकि झांपति बदनु, झुकति बिहंसि, सतराइ।
तत्यौं गुलाल-मुठी झुठी झझकावत प्यौ जाइ॥

बिहारी कहते हैं–होली का मनोहारी वर्णन करती हुई सखी कह रही है–हे सखी, होली का खेल भी कितना स्वच्छंद होता है। देख तो सही, ज्यों-ज्यों युवती उझककर यानी चौंककर अपनी देह अर्थात् अपना चेहरा हाथों से ढांपती है तथा रंगों से बचने के लिए खिलखिलाती हुई झुकती है, त्यों-त्यों युवक उसकी इस आकर्षक कोशिश पर मोहित होकर गुलाल की झूठी मुट्ठी से उसको झझकाता यानी डरा रहा है ताकि वह बार-बार वैसी ही मंत्रमुग्ध कर देने वाली कोशिश करे।

सही रंगीलै रति-जगैं जगी पगी सुख चैन।
अल सौहै-सौहैं कियैं कहैं हंसौ हैं नैन।

बिहारी कहते हैं–सखी नायिका की आंखों को देखते हुए यह अनुमान लगा लेती है कि अलसाये नयनों का कारण क्या है और कहती है–तेरे उनींदे और अलसाये नयन देखने पर साफ बता रहे हैं कि तू रंगीले यानी रंगभरे रति क्रीड़ा में रातभर जागी है या किसी आनंदप्रद उत्सव के रतजगे में सुख और आनंद में पगी हुई जागी है क्योंकि तेरे नयन में एक मादक हंसी है। संतोष और सुकून की झलक है।

कारे-बरन डरावने कत आवतइहिं गेह।
कैवा लखी, सखी लखै लगै थरथरी देह॥

बिहारी कहते हैं–नायिका भगवान श्रीकृष्ण के प्रति आसक्त है। सखियों के साथ होने पर जब उनका आगमन होता है तो वह प्रेम छिपाने की गरज से कहती है–हे सखी, इस घर में काले रंग वाले डरावने पुरुष

बार-बार क्यों आते हैं, मैं कितनी ही बार देख चुकी हूं। इनको देखने से मेरे शरीर में कंपकंपी-सी छूटने लगती है।

अपने प्रेम को छुपाने का सफल प्रयास नायिका ने किया है। प्रेम को डर में बदलकर सखी को यह बतलाना कि इनको देखते ही भय के मारे शरीर में थरथरी-सी होने लगती है। प्रेम में ऐसा होता है। अपने बचाव के लिए नायिकाएं जाने क्या-क्या प्रपंच रच डालती हैं और सामने वाला दंग रह जाता है।

कर के भीड़े कुसुम लौं गई बिरह कुमिहलाइ।
सदा समीपिनि सखिनु हूं नीठि पिछनी जाइ॥

बिहारी कहते हैं–हाथ से मसले गए फूल की तरह वह विरहिणी (नायिका) विरह के मारे ऐसे कुम्हला गई है कि हमेशा साथ रहने वाली सखियां भी उसे बड़ी मुश्किल से पहचान पाती हैं।

प्रेम में बिछोह होने पर नायिका या नायक की मनोदशा ऐसी ही हो जाती है। प्रेम में संयोग की ही महत्ता है। विछोह जानलेवा साबित होता है।

चितवत, जितवत हित हियैं, कियैं तिरछे नैन।
भीजैं तन दोऊ कंपैं क्यों हूं जप निबरैंन॥

बिहारी कहते हैं–नायक-नायिका जाड़े के मौसम में जलाशय में नहाने गए और तिरछे नयन किए, दूसरों की आंखें बचाए एक-दूसरे को देखते हुए दोनों स्नान करने लगे। फिर भीगे शरीर पानी में कांपते हुए खड़े हो गए और फिर मंत्र जाप के बहाने प्रेम प्रकट करने लगे। अब उन्हें ठंड की परवाह नहीं है। उनका जप भी खत्म नहीं हो रहा है।

कहने का भाव है कि प्रेम ऐसा ही होता है। न तो मौसम प्रेमियों को विचलित कर पाता है और न इस बात का भय सताता है कि पूजा के समय प्रेम प्रकट करना ठीक नहीं। ईश्वर क्या कहेगा?

फिरत जु अटकत कटनि-बिनु, रसिक, सुरसन, बियाल।
अनंत-अनंतनित हितनु चित सकुचत कत, लाल॥

बिहारी कहते हैं–नायिका नायक को दूसरी स्त्रियों के साथ लटपटाते हुए देखकर कहती है–हे रसिक दिलफेंक! तुम जो प्रेम के

बिना दूसरी स्त्रियों से अटकत यानी उलझते फिरते हो, वह प्रेम नहीं है और इसमें कोई रस भी नहीं है, यह तो सिर्फ छिछोरापन या एक खिलवाड़ है। तुम कहते हो कि तुम गलत नहीं हो या उन पर आसक्त नहीं हो तो फिर दूसरी स्त्रियों के हितों से मन-ही-मन संकुचित क्यों होते हो। तुम तो कहते हो कि यह केवल खिलवाड़ है, कोई प्रेम भाव मन में नहीं तो फिर उनके हित को लेकर चिंतित क्यों रहते हो।

कहने का भाव है कि यह प्रेम नहीं है तो क्या है? सुधर जाओ और अन्य स्त्रियों के प्रति अपनी आसक्ति आज ही समाप्त कर दो।

अरैं परै न, करै हियौ खरैं जरैं पर जार।
लावति घोरि गुलाब सौं, मलै मिलै घनसार॥

बिहारी कहते हैं—विरहाग्नि में जल रही सखी दूसरी युवती को समझा रही है—कपूर में चंदन मिलाकर और गुलाबजल में घोलकर इस लेप को लगाने की सलाह मत दे क्योंकि मेरा हृदय विरहाग्नि में इतना जल गया है कि इस लेप से शरीर में और भी जलन उत्पन्न होती है। कहने का भाव है कि विरह की अग्नि में खड़ी नायिका इतनी उद्विग्न व बेचैन है कि उसे कोई भी लेप यानी श्रृंगार सुहाता नहीं है। बस प्रियतम की छवि ही दिलोदिमाग में बैठी हुई है।

चलो, चलैं छूटि जाइगौ हठु रावरैं संकोच।
खरे चढ़ाए हे, तिअब आए लोचन लोच॥

बिहारी कहते हैं—नायिका की सखी नायक से कहती है—वह बहुत ही हठी है। आप चलेंगे तो आपके संकोच से वह जिद छोड़ देगी क्योंकि अब उसका गुस्सा कम हो गया है। उसके गुस्से में तब जैसी बात नहीं है। गुस्से से भरी आंखें अब काफी नरम पड़ गई हैं।

कहने का भाव है कि गुस्से से दग्ध नायिका समय के साथ काफी बदल गई है। नायक के दर्शन मात्र से ही उसमें और नरमी आ सकती है। सखी इन सब बातों को सुनाकर नायक को नायिका की तरफ खींचने की पूरी कोशिश में है।

रही, पैज की नीजु मैं, दीनी तुमहिं मिलाइ।
राखहु चंपक माल लौ, लाल, हियैं लपटाइ॥

बिहारी कहते हैं–नायिका की सखी नायक से कह रही है–नायिका का मिलना तो बहुत ही मुश्किल था, लेकिन मैंने प्रण जो लिया था और उसको तुमसे मिलाकर मैंने अपना प्रण पूरा कर लिया है। लाल, अब इस चंपक की समान रंगत वाली अपनी प्रियतमा को दिल में चंपक माला की तरह लिपटाकर रखो। फिर कभी इसका अपमान न करना। हर बार यह मान ही जाए, यह कोई ज़रूरी नहीं।

दोऊ चाह-भरे कछू चाहत कह्यौ, कहैं न।
नहिं, जांचकु सनि, सूमलौं बाहिर निकसत बैंन॥

बिहारी कहते हैं–अभी प्रेम नया-नया है, जिससे संकोच है, शर्म है। नायक-नायिका दुविधा में हैं। उनसे कुछ कहते नहीं बनता। एक सखी इस नवयुगल की मनः स्थिति का वर्णन इस तरह से कर रही है–दोनों (नायक-नायिका) एक-दूसरे को सुनना चाहते हैं और कुछ कहना चाहते हैं, लेकिन दिल की बात कह नहीं पा रहे हैं क्योंकि वे नवयुगल हैं। अभी पूरी तरह से खुले नहीं हैं। शर्म-लाज उनके बीच है अभी। किसी को द्वार पर आया जानकर दोनों के बोल कृपण की तरह मुख से बाहर नहीं निकलते।

कहने का भाव है कि उनके प्रेम में अभी परिपक्वता नहीं है और किसी की उपस्थिति उन्हें यह सोचने पर मजबूर कर देती है कि यह पता नहीं क्या सोच रहा होगा? लोग क्या कहेंगे?

चितु दै देखि चकोर-त्यौं, तीजैं भजै न भूख।
चिनगी चुगै अंगार की, चुगै कि चंद मयूख॥

बिहारी कहते हैं–चकोर की तरफ ध्यान से जरा देखो तो सही, उसके मन में कितनी दृढ़ता और एकनिष्ठता है–या तो वह अंगारे की चिंगारी चुगता है या फिर चंद्रमा की किरणों का ही अवलोकन करता है। तीसरी चीज़ को वह भूख लगने पर भी ग्रहण नहीं करता।

कहने का भाव है कि आदमी के विचारों में भी चकोर की तरह ही दृढ़ता और एकनिष्ठता होनी चाहिए।

तुहूं कहति, हौं आपु हूं समुझति सबै सयानु।
लखि मोहनु जै मनु रहै तो मन राखौं मानु॥

बिहारी कहते हैं—भगवान श्रीकृष्ण के विरह में जल रही एक गोपी कहती है—तू भी उपदेश देती है और खुद मैं भी सभी सयानापन यानी सब समझती हूं, लेकिन मैं क्या करूं यानी इस दिल का क्या करूं, जिस पर मेरा जोर ही नहीं। मोहन को देखते ही मेरा मन झट से उनके पास चला जाता है, उस पर मेरा कोई जोर चलता ही नहीं, फिर भला मैं कैसे नाराज होऊं।

कहने का भाव है कि जो मोहन है, वह मन को हरने वाला है यानी वह मन को ही अपने वश में कर लेता है, चाहकर भी उससे दूर रहना कठिन ही नहीं असंभव है। समझना-समझाना सब व्यर्थ है।

चलत देत आभारू सुनि उहीं परोसिहिं नाह।
लसी तमासे की दृगनु हांसी आंसुनु मांह॥

बिहारी कहते हैं—नायिका अपने पड़ोसी पर आसक्त है। परदेश जा रहा उसका पति घर की देखभाल का कार्य उस पड़ोसी को सौंपकर चला गया तो नायिका की खुशी का ठिकाना न रहा। खुशी के मारे नायिका की आंखों में आंसुओं के बीच हंसी भी झलक आई। वह धन्य हो गई कि अब उसकी मुराद पूरी हो जाएगी। वह स्वच्छंद रूप से प्रेमी के साथ मौज-मस्ती करेगी। अब कोई रोकटोक नहीं होगी।

कहने का भाव है कि यह प्रेम ऐसा ही होता है। ऊंच-नीच देखने की शक्ति ही छीन लेता है। बस इतनी ही समझ रहती है कि दिन-रात प्यार करना है, भले ही बाद में जो नतीजा हो।

भेटत बन न भावतौ, चितु तरसतु अति प्यार।
धरति लगाइ लगाइ उर भूषन, बसन, हथ्यार॥

बिहारी कहते हैं—नायक परदेश से आया है। नायिका उससे मिलने के लिए व्याकुल है, पर ऐसा मौका मिल नहीं रहा है। लोक-लज्जा, बड़ों की मौजूदगी उसे प्रियतम से मिलने नहीं दे रही। ऐसे में वह नायक के कपड़ों, हथियारों, आभूषणों को सम्भाल कर रखने के बहाने छाती से छुआ-छुआ कर रख रही है। थोड़ी ही सही, मन को कुछ तो तसल्ली मिल रही है। ऐसे हालातों में ऐसा होना

स्वाभाविक है। प्रियतम से बिछोह के बाद मिलन की आस जब मन में जागती है तब इंतजार करना मुश्किल हो जाता है। दिल बस यही चाहता है कि कब मौका मिले और वह सारी प्यास शांत कर ले। नायिका को यह मौका नहीं मिल रहा है तो प्रियतम के कपड़े, हथियार आदि का स्पर्श कर रति क्रीड़ा का आनंद लेने का अनुभव मन-ही-मन कर खुद को तसल्ली दे रही है।

मोहिं लजावत, निलज ए हुलसि मिलत सब गात।
भानु-उदै की ओसलौं मानु न जानति जात॥

बिहारी कहते हैं—नायिका अपनी सखी से कह रही है—मेरा खुद पर कोई जोर नहीं चलता, मैं क्या करूं, मेरे ये सब बेशर्म अंग नायक पर नज़र पड़ते ही उससे मिलने के लिए मचल उठते हैं और मिलकर ही दम लेते हैं। मैं इनकी इस हरकत से बहुत ही शर्मिंदा हूं। क्या करूं सखी, सूर्य के उगने के वक्त की ओस की तरह भानु को जाते हुए मैं नहीं जान पाती अर्थात् मुझे इस बात का पता ही नहीं चलता कि मेरा मान-सम्मान कब कहां चला गया।

कहने का भाव है कि नायिका की बस यही इच्छा है कि नायक के सामने पड़ने पर वह खुद पर संयम रखे ताकि उसकी कीमत नायक की नज़र में बढ़ जाए और वह नायक के लिए दुर्लभ लगने लगे। दुर्लभ चीजें ही व्यक्ति को अपनी ओर खींच पाती हैं और आदमी बड़ी कठिनता से पाने के बाद उसका मूल्यांकन भी सही-सही करता है।

तो तन अबधि-अनूप रूपु लग्यौ सब जगत कौ।
मो दृग लगे रूप, दृगनु लगी अति चटपटी॥

बिहारी कहते हैं—नायिका पर मोहित नायक पत्र के माध्यम से अपने मन की बात व्यक्त कर रहा है—विधाता ने तेरे ख़ूबसूरत शरीर को बनाने में दुनिया भर की सुन्दरता लगा दी है। तो तन अबधि-अनूप यानी तेरा शारीरिक सौंदर्य हद से भी ज्यादा ख़ूबसूरत है। हे सुंदरी, मेरे नयन तेरे रूप-सौंदर्य पर बेइंतहा फिदा हैं और ये आंखें तुझे देखने के लिए विकल हैं यानी ये तुझसे मिलने के लिए व्यग्र हैं।

रहैं निगोड़े नैन डिगि, गहैं न चेत अचेत।
हौं कसु कै रिस के करौं, योनिसुके हंसि देत॥

बिहारी कहते हैं—नायिका अपनी आंखों को कोस रही है—ये जो मेरे निगोड़े नयन हैं, नायक के सामने आने पर व्याकुल होकर उसकी ओर चले ही जाते हैं। ये अचेत यानी विवेकहीन, चेतावनी को भी नहीं समझते हैं। मैं तो इन पर बड़ी मुश्किल से काबू रखने का प्रयास करती हूं जबकि मुझे ऐसा करके दु:ख होता है, फिर भी ये प्रियतम को देखकर हंस ही देते हैं। मैं अपने ही नयनों से परेशान हूं। क्या करूं, ये मुझे उनके सामने इस रूप में पेश कर ही देते हैं जैसे मैं उनका संग-साथ पाने के लिए कितनी व्यग्र और लालायित हूं।

सुख सौं बीती सब निसा, मनु सोए मिलि साथ।
मूका मेलि गहे, सु छिनु हाथ न छोड़े हाथ॥

बिहारी कहते हैं—नायक-नायिका पड़ोसी है और उनके घरों के बीच बस एक दीवार का अंतर है, जिसमें एक मोखला है। उसमें हाथ डालकर नायक-नायिका दोनों ने जो एक-दूजे के हाथ पकड़े तो हाथ-से-हाथ पल भर के लिए भी नहीं छोड़े और यूं ही हाथ पकड़े पूरी रात ऐसे सुख से गुजर गई मानो दोनों ने एक ही बिस्तर पर शयन किया हो।

बाम बांह फरकति, मिलैं जौ हरि जीवन मूरि।
तौ तोही सौं मोहिहौं राखि दाहिनी दूरि॥

बिहारी कहते हैं—अपनी बायीं बांह फड़कने पर नायिका कहती है—ऐ मेरी बायीं बांह, तू तो फड़क रही है। लगता है साजन का आगमन निश्चित है। अगर मेरे प्राणाधार हरि सचमुच ही आ गए तो मैं भेंट या इनाम स्वरूप तुझे यह परम आनंद अवश्य दूंगी कि दाहिनी बांह को परे रखकर तुझसे ही प्रियतम का आलिंगन करूंगी।

चित पित मारक जोगु गनि भयौ, भरौं सुत सोगु।
फिरि हुलस्यो जिय जोइसी समुझैं जारज-जोगु॥

बिहारी कहते हैं—ज्योतिषी को जब पुत्ररत्न की प्राप्ति हुई और उसने उसकी कुंडली बनाकर ग्रहों की स्थिति पर विचार किया तो पिता

को मार डालने वाले योग को देखकर उसके मन में पुत्र जन्म की प्रसन्नता के बदले शोक छा गया। लेकिन अगले ही पल कुंडली में जारज योग यानी किसी दूसरे पुरुष से शिशु उत्पन्न होने का योग देखा तो ज्योतिषी क्रोधित या लज्जित होने के बदले मन-ही-मन प्रसन्न हो उठा।

कहने का भाव यह है कि इंसान को अपनी जान कितनी प्यारी है। जब पितृमारक योग ज्योतिषी ने देखा तो मृत्यु से डरकर शोकाकुल हो गया और जब जारज योग देखा तो मृत्युभय दूर होते देख खुश हो गया यह जानते हुए भी कि जो उसका पुत्र हुआ है वह किसी दूसरे पुरुष के संयोग से हुआ हैं।

मोहिं करत कत बावरी, करैं दुराउ दुरैन।
कहे देत रंग राति के रंग-लिचुरत से नैन॥

बिहारी कहते हैं—नायिका प्रियतम की झूठी बातों को ताड़ गई है और वह प्रियतम से नाराज होकर कह रही है—मुझे तुम बावली क्यों बनाते हो झूठी और मीठी बातें करके? तुम्हारे छिपाने से रात का आनंद छिपने वाला नहीं हैं। रंग-लिचुरत से नैन यानी तुम्हारे रंग निचुड़े से लाल नयन रात के रति क्रीड़ाओं को साफ दर्शा रहे हैं।

बुरौ बुराई जौ तजै, तौ चितु खरौ डरातु।
ज्यौं निकलेकु मयंकुलखि गनैं लोग उतपातु॥

बिहारी कहते हैं—यदि बुरा आदमी बुराई को त्याग दे तो मन बहुत ही डरता है जैसे चंद्रमा को निष्कलंक देखकर लोग अनुमान लगाते हैं कि संभवत: कुछ अनिष्ट होने वाला है।

आदिकाल से ही लोग ऐसा मानते आए हैं कि चंद्रमा का निष्कलंक होना संसार के लिए शुभकारी नहीं है। कवि ने इसी आधार पर यह दोहा लिखा है।

अनियारे, दीरघ दृगनु, किती न सरूनि समान।
वह चितवनि औरै कछू, जिहिं बस होत सुजान॥

बिहारी कहते हैं—कोरदार तथा बड़ी आंखों की बहुत-सी युवतियां हैं, पर वे सभी एक ही सी नहीं हैं। सबका देखने का अंदाज भी एक-सा

नहीं है। देखने का वह दिलकश अंदाज कुछ खास युवतियों में ही होता है, जिससे गुणी व्यक्ति उनके वश में हो जाते हैं।

कहने का भाव है कि कोई-कोई ही युवती ऐसी होती है, जिसकी चितवन में पूरे संसार को अपने वश में करने की अद्‌भुत क्षमता होती हैं। आंखें एक जैसी होने से वह चितवन पैदा नहीं हो सकती, जिसमें दूसरों को वशीभूत करने की कला होती है।

ओछे बड़े न ह्वै सकैं, लगौ सतर ह्वै गैन।
दीरघ होहिं न नैंक हू फारि निहारैं नैन।।

बिहारी कहते हैं—ओछे व्यक्ति जितना चाहे ऊंचे हो जाएं, पर गुणी जनों का मुकाबला नहीं कर सकते, क्योंकि ऊंचा हो जाने से कोई बड़ा नहीं हो जाता। वैसे ही जैसे फैला-फैला कर देखने से आंखें जरा-सी भी बड़ी नहीं हो जातीं।

कहने का भाव है कि कुदरती चीजों को बड़ा या छोटा नहीं किया जा सकता। ओछे स्वाभाविक रूप से ओछे होते हैं, भला वे गुणी जन कैसे बन सकते हैं और बन भी गए तो उन सब भावों का क्या करेंगे, जो कुदरत से उन्हें मिला है?

बिरह-जरी लाखि जीगननु कहयौ न इहि कै बार।
अरी, आउ भगि भीतरी, बरसत आजु अंगार।।

बिहारी कहते हैं—वर्षा ऋतु का समय है। विरहिणी को यह ऋतु कुछ ज्यादा ही प्रियतम की याद दिला रही है। विरहिणी जुगनूओं को देखकर और भी अधिक विरह की अग्नि में जल उठी। उसे जुगनू अंगारे की मानिंद जान पड़ते हैं। उसने एक बार नहीं, अनेक बार अपनी सखी से कहा कि वाह! आज तो अंगारे बरस रहे हैं, घर के अंदर भाग आ।

और सबै हरषी हंसतिं, गावतिं भरी उदाह।
तूंहीं, बहू बिलखी फिरै क्यौं देवर कैं ब्याह।।

बिहारी कहते हैं—भाभी अपने देवर से प्रेम करती है। उसका विवाह उसे सुहाता नहीं है। सास ने पूछा कि बहू, क्या बात है? और सभी यानी घर के परिजन तथा पास-पड़ोसी खुश हैं और बड़े उत्साह

के साथ गा-बजा रहे हैं, लेकिन देवर के ब्याह में एक तू ही है, जो बिलखी यानी दुःखी, हताश और निराश-सी फिर रही है।

वह मन की बात कहे भी तो कैसे, वह तो सारे शिष्टाचार और नैतिकता को भुलाकर देवर को दिल दे बैठी है। ऐसे प्यार का अंत दुखांत ही होता है।

लाज-लगाम न मानहीं, नैना मो बस नाहिं।
ए मुंह जोर तुरंग ज्यौं, ऐंचत हू चलि जाहिं।।

बिहारी कहते हैं—नायिका सखी से कह रही है—सखी, मैं विवश हूं। मेरी आंखों पर मेरा कोई वश नहीं है। ये ढीठ नयन घोड़े की तरह लज्जा रूपी लगाम को नहीं मानते और खींचने पर भी नायक के पास जाकर ही रुकते हैं। सखी, मुंहजोर बेशर्म नयनों का मैं क्या करूं।

प्रेम में नयनों की भूमिका अहम् है। दिल से दिल का मिलन बाद में होता है और आंखें चार पहले ही हो जाती हैं। नायिका अपनी सखी को यही तो समझा रही है कि तू मेरे देखने के अंदाज पर उंगली उठा रही है, पर मैं क्या करूं? ये नयन मुंहजोर हैं और बेशर्म भी। ये लाज-शरम को नहीं मानते।

अरे, परेखौ को करै, तुंहीं बिलोकि विचारि।
कि हिंनर, कहिं सर राखियै खरै बढ़ैं परिपारि।।

बिहारी कहते हैं—बड़े व्यक्तियों के मर्यादाहीन यानी नीतिहीन व्यवहार की परख क्या करना। हे मन, तू ही दुनिया के बर्ताव को समझ, देख, बहुत बढ़ने और बहुत बड़े हो जाने पर दुनिया के किस व्यक्ति से मर्यादा रखी जाती है यानी अधिक बढ़ने और बड़े हो जाने पर व्यक्ति मर्यादाओं की डोर से बंधा नहीं रहता। उसके लिए मर्यादा भंग करना खेल होता है और वह अपने लिए सुविधानुसार नई-नई मर्यादाएं गढ़ता रहता है और उसे जो अच्छा लगता है, उसे ही मर्यादा में जोड़ता-चला जाता है। हे मन! तू बड़े लोगों के इस व्यवहार को क्या परखता है, ये तो मर्यादाओं से बस दूसरों को बंधे रहने की सीख देते हैं और खुद मर्यादाहीन होते हैं।

तौ, बलियै, भलिये बनी, नागर नंद किशोर।
जौ तुम नीकैं के लख्यौ मो करनी की ओर।।

बिहारी कहते हैं–हे नगर के चतुर नंदकिशोर! यदि तुमने मेरे भले-बुरे की तरफ भली-भांति देखा तो मैं आपकी कृपा से वंचित ही रह जाऊंगा। मेरा उद्धार नहीं हो सकेगा।

कहने का भाव है कि मैं अच्छा कर रहा हूं या बुरा यह न देखो। मैं जैसा हूं उसी रूप में मुझे स्वीकार कर लो और मेरा उद्धार कर दो। मैं इतना अच्छा नहीं कि मेरी करनी को देखने की ज़रूरत है। बस मुझ पर अपनी कृपा बनाए रखो।

सुनि पग-धुनि चितई इतै न्हाति दियैं हीं पीठि।
चकी, झुकी, सकुची, डरी, हंसी लजी सी डीठि॥

बिहारी कहते हैं–नदी में नहाती नायिका को देखकर नायक कह रहा है–मैं नदी तट पर अचानक ही पहुंच गया। स्नान करती हुई उस बाला ने मेरे आने की अनुभूति करते ही मुझे देखा फिर पीठ मेरी तरफ कर दी। उसने आश्चर्य से मुझे देखा कि मैं यहां कैसे आ गया। वह झुक गयी कि छाती दिखाई न दे, फिर सिमट गई लाज के मारे और अगले ही पल डर भी गई कि कोई देख तो नहीं रहा, फिर शरमाई हुई-सी हंस पड़ी। मुझे उसके ये सारे भाव बहुत ही अच्छे लगे। मैं उस पर और भी अधिक मुग्ध हो गया।

पचरंग-रंग बेंदी खरी उठै ऊगि मुख-ज्योति।
पहिरैं चीर चिनौटिया चटक चौगुनी होति॥

बिहारी कहते हैं–चीर चिनौटिया यानी चुनरी शरीर पर धारण करने से नायिका की सुंदरता चौगुनी बढ़ गयी है क्योंकि पांच रंगों की बुंदकी से सजी चुनरी उसके मुख की आभा से और भी अधिक खिल रही है अर्थात् उसके मुख ज्योति से चुनरी का रंग और भी अधिक उभर कर सामने आ रहा है।

हंसी ओठनु-बिच, करू उचै, कियैं निचौ हैं नैन।
खरैं अरैं प्रिय कैं प्रिया लगी बिटी मुख दैन॥

नवविवाहिता अभी दूल्हे से खुली हुई नहीं है। वह दूल्हे से बात नहीं करती है और उसके सामने हमेशा संकोच-शर्म के साथ ही आती है।

लेकिन कुछ दिनों से अब कुछ-कुछ खुलने लगी है और दूल्हे पर विश्वास करने लगी है।

बिहारी इसी दशा का वर्णन कर रहे हैं–नववधू कुछ-कुछ प्रियतम पर भरोसा करने लगी है। प्रियतम के बहुत आग्रह करने पर होंठों-ही-होंठों में मुस्कराकर, हाथ ऊंचा कर और आंखों को झुकाए हुए नवोढ़ा पान का बीड़ा उसके मुंह में डालने लगी है।

वारौं बलि , तो दृगनु पर अलि, खंजन, मृग, मीन।
आधी डीठि-चितौनि जिहिं किए लाल आधीन॥

बिहारी कहते हैं–सखी नायिका की आंखों की तारीफ भी कर रही है और उसे यह भी बता रही है कि नायक उस पर कितना आसक्त है–हे सखी! मैं तुम पर बलि जाऊं। तुम्हारी आंखों पर मृग और मछली वार दूं। तुमने तो अपनी आंखों की आधी दृष्टि की जादुई चितवन से ही प्रियतम को अपने अधीन कर लिया अर्थात् प्रियतम को तेरी आंखों की बांकी चितवन ने अपना दीवाना बना दिया। बहुत खूब! क्या आंखें हैं।

लखि-लखि अंखियनु, अधखुलिनु आंगुमोरि अंगिराइ।
अधिक उठि, लेटति लटकि, आलस भरी जम्हाइ।

बिहारी ने नायिका के प्रातःकाल जागने के समय की सौंदर्य-दशा का चित्रण बिहारी ने क्या खूब किया है–देख सखी देख, प्यारी सखी हमारी, अलसाई हुई कैसे अधखुली आंखों से इधर-उधर देख रही है। रात के रति-क्रीड़ा की खुमारी अभी तक उतरी हुई नहीं है। शरीर को मोड़ रही है और अंगड़ाई ले रही है। बिस्तर से उठती है, फिर लेट जाती है।

ये सब लक्षण क्या हैं? रात में उसने बहुत ही रति-श्रम किया है, जिससे उसे आलस ने घेर रखा है।

प्रेमु अडोलु डुलै नहीं मुंह बोलैं अनखाइ।
चित उनकी मूरति बसी, चितवनि मांहि लखाइ॥

बिहारी कहते हैं–सखियां नायिका को संबोधित करके कह रही हैं–तेरा अटल प्रेम तेरी चुप्पी मात्र से टल नहीं सकता। तेरे मन में उसकी छवि बस गई है। तेरी आंखों में देखने से या तेरे देखने के अंदाज

से यह बात साफ नज़र आ जाती है क्योंकि तेरा देखने का ढंग आजकल बदल गया है।

कर लै, चूमि, चढ़ाई सिर, उर लगाइ, भुज भेटि।
लहि पाती पिय की लखति, बांचति, धरति समेटि॥

बिहारी कहते हैं—एक सखी दूसरी सखी से नायिका के प्रियतम-प्रेम की चर्चा करते हुए कह रही है—वह तो प्रियतम की पाती यानी चिट्ठी से भी प्यार करती है। पिया की पाती हाथ में लेकर चूमती है, सिर पर सप्रेम धरकर छाती से लगा लेती है और फिर भुजाओं में समेट कर बड़े ध्यान से देखती है, फिर उत्साह के साथ पढ़ती और सहेजकर रख देती है। इसका प्यार तो अद्‌भुत है... विलक्षण है और अनुकरणीय भी है।

चकी जकी सी ह्वै रही, बूझ बोलति नीठि।
कहूं डीठि लागी, लगी कै काहूं की डीठि॥

बिहारी कहते हैं—सखियां नायिका की ओर इशारा करती हुई आपस में कह रही हैं—हमारी प्यारी सहेली चकराई तथा जकड़ी हुई-सी दिख रही है और कुछ पूछने पर भी बोलती नहीं है, बोलती भी है तो बहुत मुश्किल से। लगता है इसकी आंख कहीं लग गई है या इस पर किसी की आंख गड़ गई है। मन की ऐसी दशा तो ऐसी ही स्थितियों में हुआ करती है जब कोई चितचोर मिल जाता है या यह किसी की चितचोरिन बन गई है।

भावरि-अनभावरि-भरे करौं कोरिबक वादु।
अपनी-अपनी भांति कौ छुटैन सहजु सवादु॥

बिहारी कहते हैं—पसंद-नापसंद को लेकर लोग चाहे करोड़ों बकवास करें, पर अपनी-अपनी रीति का स्वाभाविक स्वाद नहीं छूटता अर्थात् रुचि बनी ही रहती है। प्रकृति ने जो दे दिया है, वह आसानी से नहीं छूटता है।

कहने का भाव है कि कोई भी व्यक्ति अपना स्वाभाविक स्वभाव नहीं छोड़ता। कोई व्यक्ति प्राकृतिक स्वभाव छुड़ाने या छोड़ने का दावा करे, तो समझिए वह कोरा बकवास कर रहा है।

द्‌ययौ खरे समीप कौ लेत मानि मन मोदु।
होत दुहुनु के दृगनु हीं बतरसु, हंसी-विनोदु॥

बिहारी कहते हैं—नायक-नायिका कुछ दूरी पर खड़े हैं, लेकिन मन-ही-मन नजदीक होने का आनंद ले रहे हैं। दोनों आंखों-ही-आंखों में बतरस का आनंद ले रहे हैं और हंसी-विनोद का सुख भी उठा रहे हैं। दूर होकर भी वे बहुत क़रीब हैं। दूरियां उनका कुछ नहीं बिगाड़ पा रहीं।

मनमोहन सौं भौहु करि, तू घनश्याम निहारि।
कुंज बिहारी सौं बिहरि, गिरधारी उर धारि॥

बिहारी भगवान श्रीकृष्ण के प्रति अपनी भक्ति भावना व्यक्त करते हुए कहते हैं—हे मन! तुझे किसी पर मोहित होना ही है तो मनमोहन पर मोहित हो। निहारना ही किसी को है तो तू केवल घनश्याम को निहार और विहार करना ही है तो कुंजबिहारी की गलियों में विहार कर तथा किसी को हृदय में रखना ही है तो गिरधारी को अपने हृदय में रख।

मैं मिसहा सोयौ समुझि, मुंहु चूम्यो ढिग जाइ।
हंस्यो, खिसानी, गल गह्यो, रही गरै लपटाई।

बिहारी कहते हैं—नायिका अपनी सहेली से कह रही है—सखी, कल रात मेरे साथ बहुत ही आनंददायक घटना घटी। मैंने उस छलिया को गहरी नींद में जानकर उसका मुंह चूमा तो वह अचानक ही हंस दिया, जिससे मैं शर्मसार हो गई, क्योंकि मैं तो उससे नाराज़ थी और उसके आग्रह करने पर भी मेरी नाराज़गी दूर नहीं हुई थी, फिर मेरा इस तरह से उसका मुंह चूमना मुझे लज्जित तो करता ही। मेरे क्रोध करने पर उस बहानेबाज ने मेरे गले में बांहें डाल दीं। फिर मैं उसके गले से लिपट गई।

बिहारी ने प्रेम का स्वाभाविक चित्रण किया है-दो प्रेमियों के बीच इस तरह की घटनाएं घटती ही रहती हैं।

खिचैं मान अपराध हूं चलि गै बढ़ैं अचैन।
जुरत डीठि, तजि रिस खिसी, हंसे दुहना कै नैन॥

बिहारी कहते हैं—प्रेयसी की आंखें रोष से और प्रियतम की आंखें अपराध भाव से एक-दूजे की ओर देखने में संकोच कर रही हैं, फिर

भी एक-दूजे को न देखने की बेचैनी इतनी बढ़ गई कि एक की आंखें दूसरे पर जाकर ठहर गईं और निगाहें मिलते ही रोष-लज्जा का त्याग कर दोनों की ही आंखें विहंसने लगीं अर्थात् उनकी आपस की प्रीति और गहरी हो गई।

प्रियतम और प्रेयसी की अंतरंगता कैसे बढ़ती है और वे एक-दूजे के कितना करीब हैं, बिहारी ने इसका चित्रण बड़े ही सुंदर ढंग से किया है।

यौं दलमलियतु, निरदई, दई, कुसुम सौगातु।
करु धरि देखौ, धरधरा उर कौ अजौं न जातु॥

बिहारी नायिका की कोमलता और नायक की कठोरता का चित्रण करते हुए कहते हैं—बेरहम, निर्दयी, तुझसे भगवान बचाए। फूल की तरह कोमल शरीर भला कहीं इस तरह से दला-मला जाता है। उस सुकुमारी के वक्षों पर हाथ रखकर देखो तो सही, उसका हृदय का कंपकंपाना अभी तक जारी है।

बहकिन इहिं बहिनापुली, जब तब, वीर बिनासु।
बचै न बड़ी सबील हूं चील-घोंसुवा मांसु॥

बिहारी कहते हैं—नायिका से पड़ोसन ने बहन का नाता जोड़ लिया है और इस नाते से नायक को अपने घर बुलाती है। नायिका की सखी को यह पसंद नहीं है और सखी नायिका को समझा रही है—हे सखी! तुम इस बहन के नाते से सावधान हो जाओ और इस पर इतराने की ज़रूरत नहीं है। इस रिश्ते में फायदा तो नहीं दिख रहा, बस विनाश-ही-विनाश दिख रहा है जैसे चील के घोंसले में रखा मांस का टुकड़ा बहुत जतन के बाद भी नहीं बचता है। वह तथाकथित बहन कभी भी तेरे प्रियतम को अपने वश में कर सकती है।

पलनु प्रगटि, बरुनीनु बढ़ि, नहिं कपोल ठहरात।
अंसुवा परि छतियां, छिनकु छनछनाइ, छिपि जात॥

बिहारी विरह वेदना का अनूठा वर्णन रेखांकित करते हुए कह रहे हैं—विरहिणी का विरह ताप अपनी चरम पर है। ताप इतना बढ़ गया है कि आंसू उबलकर पलकों पर आ ठहरते हैं और बरौनियों से होकर

गालों पर न ठहरकर छाती पर जा गिरते हैं और छाती का ताप इतना अधिक है कि आंसू छनछना कर पल भर में ही गायब हो जाते हैं।

कहने का भाव है कि प्रिय से बिछोह के बाद विरह वेदना सहते-सहते विरहिणी के शरीर का ताप सामान्य से अधिक हो गया है, जिससे आंसू की अधिकता हो गयी है और वे गालों पर आते तो हैं पर भिगो छाती को रहे हैं।

समै-पलट पलटै प्रकृति, कोन तजै निज चाल।
भौ अकरुन करुनाकरौं इहिं कपूत कलि काल॥

बिहारी कहते हैं—समय के बदलने से प्रकृति भी बदल जाती है और ऐसा कौन है जो अपना स्वभाव छोड़ नहीं देता है। देखो, इस कलिकाल में ईश्वर भी दयाहीन हो गया है। वह दूसरे युगों में सबकी सब प्रकार सुना करता था, लेकिन अब किसी की पुकार नहीं सुन रहा। समय की पलट ने उसके स्वभाव को भी पलट दिया है।

कहने का भाव है कि समय के बदलने से प्रकृति के साथ-साथ ईश्वर की चाल भी बदल गयी है। वह पहले की तरह अब लोगों की कहां सुनता है। कवि ईश्वर को उलाहना देते हुए अपनी व्यथा प्रकट कर रहा है।

इन दुखिया अंखियानु कौं मुखु सिरज्यौ ई नांहि।
देखैं बनै न देखतै, अनदेखैं अकुलांहि॥

बिहारी कहते हैं—नायिका अपनी प्रिय सहेली से अपना हाल सुना रही है—मैं सच कह रही हूं सखी, मेरी इन दुखिया आंखों के लिए कोई सुख विधाता ने बनाया ही नहीं है। प्रियतम जब सामने होते हैं तो ये संकोचवश देख ही नहीं पातीं और जब प्रियतम कहीं नज़र नहीं आते हैं तो अकुला जाती हैं यानी उन्हें देखने के लिए व्याकुल-आतुर हो जाती हैं। मैं अपनी व्यथा समझ में नहीं आता, कैसे व्यक्त करूं?

छिनकु उधारति छिनु छुवति, राखति छिन कुछ पाइ।
सबु दिनु पिय-खंडित अधर दरपन देखत जाइ॥

बिहारी कहते हैं—नायक ने चुंबन लेते समय नायिका के होंठ काट लिए हैं। नायिका इस प्रेमासिक्त ज़ख़्म से ख़ुश भी है, दर्द की अनुभूति

भी कर रही है–वह दर्पण देख-देखकर पल भर के लिए होंठों को खोलती है, हाथ से पल भर सहलाती है और पल भर छिपाकर रखती है। प्रियतम द्वारा काटे गए होंठ को दर्पण में निहारते हुए ही दिन बीत जाता है, दूजा काम तो इसे सुहाता ही नहीं है। रति-क्रीड़ा से उत्पन्न चिह्नों को महसूस करना, छूना, छिपाना बस यही काम उसका रह गया है।

कोटि जतन काऊ करौ, तन की तपनि न जाई।
जौ लौं भीजे चीर लौं रहै न प्यौ लपटाइ॥

बिहारी कहते हैं–विरहाग्नि में जल रही नायिका अपनी सखी से कहती है–करोड़ों जतन यानी करोड़ों उपाय कोई करे तन की ज्वाला शांत तब तक नहीं होने वाली जब तक भीगे वस्त्र की तरह मेरे प्रियतम मुझसे लिपट नहीं जाते। कामाग्नि ऐसी चीज़ ही है, वह युगल के आपस में लिपट जाने के बाद ही शांत हो पाती है। धन, सुख आदि कोई भी साधन उसे शांत नहीं कर सकते।

चटक न छांड़तु घटत हू सज्जन-नेहु गंभीरु।
फीकौ परै न, बरु फटै, रंग्यौ चोल-रंग चीरु॥

बिहारी कहते हैं–सज्जन व्यक्ति का गहरा प्रेम निर्धन अवस्था में आने के बाद भी घटता नहीं है यानी वह अपनी सज्जनता को नहीं छोड़ता है और न ही उसका प्रेम अपने निर्धन मित्र के लिए ही फीका पड़ता है जैसे चोल के रंग से रंगा वस्त्र कभी धूमिल नहीं पड़ता, चाहे उसके तार-तार अलग क्यों न हो जाएं।

कहने का भाव है कि जो व्यक्ति सज्जन प्रकृति के होते हैं, वे हर अवस्था में चाहे नाजुक हालात हो या भले दिन, वे अपनी सज्जनता में कमी नहीं आने देते हैं।

पावस-घन-अंधियार महि रह्यौ भेदुनहिं आनु।
रात द्योस जान्यो परतु लखि चकई चक बानु।

बिहारी वर्षा ऋतु का वर्णन करते हुए कहते हैं–पावस-घन-अंधियार यानी बरसात के मौसम में बादलों ने सूर्य को ढक लिया है और चारों तरफ अंधेरा हो गया है, जिससे रात-दिन में कोई फर्क नहीं रह गया है।

अब रात-दिन के समय में अन्तर केवल चकई-चकवाओं को ही पता है। वे ही बता सकते हैं कि दिन है या रात।

कहने का भाव है कि भविष्य में क्या होगा, इसका ज्ञान बहुत कम लोगों को ही होता है। जो लोग गुणी और ज्ञानी होते हैं, वे भविष्य में क्या हो सकता है, अपनी दूरदर्शिता से इसका अनुमान लगा लेते हैं।

को छूट्यौ इहि जाल परि, का, कुरंग, अकुलात।
ज्यौं ज्यौं सुरझि भज्यौ चहत, त्यौं त्यौं उरझत जात।।

बिहारी कहते हैं—मनुष्य जब किसी मुसीबत में फंस जाता है तब मन को किस तरह से ढाढस बंधाता है—कौन निकला है इस जाल रूपी मुसीबत में पड़कर। हे चंचल मन, तू व्यर्थ में ही तड़फड़ा रहा है। जितना ही सुलझने की उम्मीद से तू कोशिश करता है उतनी ही उलझन बढ़ती जा रही है।

कहने का भाव है कि आदमी जब अपने ही बुने जाल में उलझ जाता है तब चाहकर भी उलझन को सुलझा नहीं पाता है। ऐसे में वह मन को कभी समझाता है तो कभी उसे चंचल और कुरंग कहकर खुद को सांत्वना देने की कोशिश करता है जबकि ऐसे में सही व सकारात्मक सोच की ज़रूरत होती है।

बेंदी भाल, तंबोल मुंह, सीस सिलसिले बार।
दृग आंजे, राजै खरी एई सहज सिंगार।।

बिहारी कहते हैं—स्नान के बाद माथे पर बिंदी, मुंह में पान, सिर पर गीले बाल तथा काजल से सुशोभित नयन—इन स्वाभाविक श्रृंगारों से सजी-संवरी नायिका का सौंदर्य शोभायमान है।

कहने का भाव है कि इन सहज श्रृंगारों से स्त्री का सौंदर्य दो गुना हो जाता है और यह स्वाभाविक श्रृंगार है।

सघन कुंज-छाया सुखद सीतल सुरभि-समीर।
मनु ह्वै जातु अजौं वहै उहि जमुना के तीर।।

बिहारी कहते हैं—श्रीकृष्ण मथुरा चले गए हैं और उनके विरह में गोपियां आपस में बातें कर रही हैं।

गोपियां कहती हैं–यमुना के तट पर जहां भगवान श्रीकृष्ण के साथ हमने रास रचाया था, अब भी मन उन सुखद यादों को याद कर वैसा ही महसूस करने लगता है। सघन कुंज की छाया तथा सुखद शीतल हवा को पाकर विरह की अग्नि में तप रहे शरीर को सुकून मिलता है।

मोहिं भरोसौ, रीझहै उझकि झांकि इस बार।
रूप-रिझाबनहारु वह, एनैना रिझबार।

बिहारी कहते हैं–दूती नायिका से कहती है–मुझे पूरा विश्वास है, तू झरोखे से एक बार देखकर ही ख़ुश हो जाएगी, क्योंकि वह पुरुषोचित सौंदर्य का ख़ज़ाना है। उसमें पुरुषों वाले सारे गुण-सौंदर्य हैं और ये सौंदर्य पर मोहित होने वाले नयन सौंदर्य पर ही तो टिकते हैं अर्थात् सौंदर्य ही इनकी खुराक है।

कहने का भाव है कि नयन सौंदर्य को ही पसंद करते हैं और सौंदर्य पर ही रीझते हैं। नायक सुंदर है, भला तेरे नयन उसे नापसंद कैसे कर सकते हैं। तू एक बार झरोखे से झांककर देख तो सही। तेरा दिल बाग-बाग हो जाएगा।

भौंहनु त्रासति, मुंह नटति, आंखिनु सौं लपटाति।
ऐंचि छुड़ावति करू, इंची आगैं आवति जाति।।

बिहारी कहते हैं–नायक ने जब नायिका का हाथ यूं ही थाम लिया तो वह भौंहों को सिकोड़कर बनावटी रोष प्रकट करने लगी और साथ ही 'नहीं-नहीं, यह ठीक नहीं' कहने लगी, लेकिन नायिका की आंखों में सच्चा प्यार है और नायक की आंखों में आंखें डालकर अपना प्रेम प्रकट भी कर रही है, जिसका अहसास आसपास वालों को नहीं है। उसकी आंखें नायक से ऐसे लपटायी हुई हैं कि हाथ छुड़ाने का प्रयास भी कर रही है और इस कोशिश में खुद धीरे-धीरे नायक की ओर बढ़ती भी जा रही है।

कहने का भाव है कि ना-ना में ही हां-हां होता है। नायिका मना भी करती है, रोष भी प्रकट करती है, लेकिन प्यार इसी में है और यह बात सिर्फ नायक को ही पता है। यही तो प्रेम है, जो नज़र सिर्फ दो दिलों को ही आता है।

रुक्यौ सांकर कुंच-मग करतु झांझि, झकुरातु।
मंद मंद मारुत-तुरंगु खूंदतु आवतु जातु।।

बिहारी कहते हैं—विरह की अग्नि में जल रही विरहिणी नायिका अपनी सहेली से कहती है—यहां आकर मुझे क्या मिला? प्रियतम तो यहां कहीं नहीं दिख रहे। कुंज के संकरे मार्ग में रुका हुआ झेंझ करता तथा झकोरा मारता हुआ पवन रूपी घोड़ा धीरे-धीरे आ-जाकर मुझे खूंदतु यानी कुचले जा रहा है। मेरी तो विरहाग्नि यहां आकर और बढ़ गई।

कर समेट कच भुज उलटि, खएं सीस-पटु टारि।
काकौ मनु बांधै न यह जूरा-बांधन हारि।।

बिहारी कहते हैं—नायिका जूड़ा बांध रही है, नायक मंत्रमुग्ध-सा खड़ा देख रहा है। वह भुजाओं को पीछे की ओर ले जाकर उलटे हाथों से बालों को समेट रही है तथा सिर से कंधों तक का वस्त्र हटा दिया है। ऐसे मादक व मोहक अंदाज में जूड़ा बांधने वाली भला किसका मन अपनी ओर नहीं खींचेगी। वास्तव में ही यह दृश्य मनोहारी है और मुग्ध करने वाला भी।

सोहत ओढ़ैं पीतु पटु स्याम, सलौनैं गात।
मनौ नीलमनि-मैल पर आतपु पर्‌यौ प्रभात।।

बिहारी कहते हैं—सखी नायिका से नायक के सौंदर्य का वर्णन कुछ इस तरह से कर रही है कि नायिका नायक को मन ही-मन चाहने लगे। इसलिए सखी कहती है—नायक का शरीर सुंदर तथा चमकीला है। ऐसे सुंदर और चमकीले शरीर पर पीताम्बर ओढ़ने से यूं जान पड़ता है मानो नीलमणि के पहाड़ पर सुबह के वक्त की किरणें पड़ी हुई हैं।

भाल लाल बेंदी, ललन, आखत रहे बिराजि।
इंदुकला कुज मैं बिसी मनौ राहु-भयभाजि।।

बिहारी कहते हैं—मासिकधर्म के स्नान के बाद नायिका ने माथे पर लाल तिलक और चावल लगाकर ईश वंदना की और तिलक को मंगल

तथा चावल को चंद्रमा की संज्ञा देकर इशारों-ही-इशारों में प्रियतम से बोली कि यह समय मिलन के लिए सही है। हे प्रिय! मेरे माथे पर लाल तिलक रूपी बिंदी में जो चावल हैं, चंद्रमा की कलाएं हैं, जो राहु के डर से अलग होकर लाल तिलक रूपी मंगल ग्रह में आ बैठी हैं। यह समय हमारे संयोग के लिए अति उत्तम और शुभ है।

बिहारी ने ॠतु स्नान के बाद स्त्री के मन में स्वाभाविक रूप से उत्पन्न हुई कामेच्छा का वर्णन कर यह बताने की कोशिश की है कि यह समय प्रियतम के आगोश में रहने का है और स्त्री को इस अवधि में पति का साथ मिलना चाहिए।

अंग-अंग छवि की लपट उपटति जाति अछेह।
खरी पातरीऊ, तऊ लगै भरी सी देह।।

बिहारी कहते हैं—नायिका के अंग-अंग में सुंदरता की आभा निरंतर उभरती जा रही है। वैसे उसकी देह भरी हुई नहीं बल्कि पतली व दुबली है, फिर भी गदराई-सी दिखाई दे रही है।

कहने का भाव है कि युवावस्था में स्त्री दुबली-पतली हो या साधारण सुंदर, पर इस अवस्था की विशेषता यह है कि वह मोहक ही दिखती है। नायिका दुबली-पतली है, फिर भी सुंदर ही लग रही है।

बिहंसति, सकुचति सी, दिएं कुच-आंचर बिचबांह।
भीजैं पट तर कौं चली, न्हाई सरोवर मांह।

बिहारी कहते हैं—कोई रसिक व्यक्ति सरोवर से स्नान करके निकली स्त्री की ओर इशारा करके कह रहा है—उधर देखो, वह सरोवर में स्नान कर वक्षों और आंचल के मध्य में बांहें रखे हुए बिहंसती और सकुचाती हुई भीगे कपड़ों में किनारे की ओर बढ़ी चली जा रही है।

कहने का भाव है कि भीगे वस्त्रों में नारी देह का सौंदर्य दोगुना हो जाता है और उसके यौनांगों से लिपटे गीले वस्त्र रसिकों को बरबस ही अपनी ओर खींचते हैं और उन्हें बाध्य करते हैं बार-बार देखने के लिए।

गोधन, तूं हरष्यौ हियैं धरियकलेहि पुजाइ।
समुझि परैगी सीस पर परत पसुनु के पाइ।।

बिहारी कहते हैं–हे गोवर्धन! तुम मन-ही-मन खुश हो लो, घड़ी भर की पूजा से गौरवान्वित हो लो, अभिमान कर लो। तुम्हें तब समझ में आएगा जब तुम्हारे सिर पर पशुओं के पैर पड़ेंगे। फिर तुम्हें पता चलेगा कि घड़ी भर के सम्मान पर घमंड करने का क्या अंजाम होता है।

कवि का भाव है कि थोड़े से सम्मान पाकर इतराना, इठलाना, घमंड करना ठीक नहीं होता, यह खुद के लिए ही घातक होता है। कवि ने गोवर्धन को माध्यम बनाकर उन लोगों को समझाने की कोशिश की है, जो थोड़े से धन, थोड़ी-सी प्रतिष्ठा और थोड़ी-सी प्रशंसा से ही दूसरों को कुछ नहीं समझने की भूल कर बैठते हैं।

मुंह धोवति, एड़ी घसति, हसति, अनगवति तीर।
धसति न इंदीबरनयनि कालिंदी कैं नीर।।

बिहारी कहते हैं–एक सखी दूसरी सखी से कह रही है–जमुना तट पर वह सुन्दरी नहाने आयी है या अपने प्रियतम को दिखाने आई है नहाने संबंधी तरह-तरह की मुद्राएं? देख तो, कभी मुंह धोती है, कभी एड़ी घिसती है, कभी हंसती है। इसी तरह के अनेक नाटक करके तट पर किसी भी तरह से देर तक ठहरना चाह रही है। यह नीलकमल नयनी, जाने कब नहाएगी। यह तो यमुना के जल में उतरने के लिए तैयार ही नहीं है।

कहने का भाव है कि वह नहाने के बहाने देर तक नायक का साथ चाह रही है। नायक बड़ी मुश्किल से तो नज़र आया है।

ज्यौं ह्वै हौं, त्यौं होऊंगी हौं, हरि, अपनी चाल।
हठु न करौ, अति कठिनु है मो तारिबो, गुपाल।।

बिहारी कहते हैं–एक भक्त भगवान श्रीकृष्ण से अपने मन के भावों को व्यक्त करते हुए कहता है–हे हरि यानी भगवान श्रीकृष्ण! मैं अपने स्वभाव से जैसा हूं, वैसा ही रहूंगा अर्थात् मैं अपने कर्मों के अनुसार जो दुःख-सुख मिलेंगे उन्हें भोग लूंगा। मुझे तू तारेगा, यह अत्यंत ही मुश्किल है। मुझे पता है यह काम करने के लिए तुझे बहुत मेहनत करनी पड़ेगी।

भक्त के कहने का भाव है कि मेरे कर्म ही ऐसे हैं कि मुझे संदेह है कि तू मुझे तारने के बारे में सोच भी सकता है। मेरे कर्म ऐसे हैं कि तू हठ करेगा फिर भी मुझे तार नहीं पायेगा।

भक्त इतना भावविह्वल है कि ईश्वर सर्वशक्तिमान है, इसका अहसास भी उसे नहीं रह गया है और वह जो मन में आ रहा है कहता चला जा रहा है। अपने कर्मों का उसे अहसास है, इसलिए वह स्पष्ट शब्दों में कह रहा है कि मुझे पता है तुम मुझे तार नहीं सकते। हठ करके भी नहीं....।

परसत, पोंछत लखि रहतु, लगि कपोल कैं ध्यान।
कर लै प्यौ पाटल, विमल प्यारी-पठए पान॥

बिहारी कहते हैं—नायिका ने प्रेम विह्वल होकर अपने प्रियतम के लिए पान भेजा है और नायक उस पान को लेकर नायिका के सौंदर्य में डूब गया है।

बिहारी कहते हैं—नायिका के प्रेम में आत्मविभोर नायक की मन:स्थिति देखने लायक है। प्यारी-पठए पान यानी प्रेयसी ने पान भेजा है। पान को हाथ में लेकर नायक उसके गालों की कल्पना कर पान को सहलाता है, पोंछता है तथा देखता है।

कहने का भाव है कि प्रेम इतना गहरा है कि प्रेयसी के भेजे पान को नायक उसका गाल समझ बैठता है और उसको सहलाने, पोंछने में ही उसे वह आनंद मिल रहा है, जो नायिका के गालों को छूकर मिलता। प्रेम ऐसी अनुभूति है, महसूस करने वाले कोई-न-कोई जरिया ढूंढ़ ही लेते हैं।

बामा, भामा, कामिनी कहि बोलौ प्रानेस।
प्यारी कहत बिसात नहिं पावस चलत विदेस॥

बिहारी कहते हैं—नायिका को पावस ऋतु यानी बरसात के मौसम में नायक का विदेश जाना अच्छा नहीं लग रहा है। नायक जब उसे प्यारी कहता है तो वह उसे टोक देती है—प्रानेस यानी हे प्राणेश्वर! अब आप मुझे प्यारी न कहें। अब मुझे लड़ाकी, कुटिला, मतलबी आदि शब्दों से पुकारें। क्या इस बरसात के सुहावने मौसम में मुझे छोड़कर परदेश जाते समय प्यारी कहते शर्मिंदा नहीं हो रहे?

कहने का भाव है कि नायिका नहीं चाहती है कि बरसात के हसीन मौसम में प्रियतम उसे छोड़कर परदेश जाए और उसे एकांतवास की पीड़ा झेलनी पड़ी। वह तो चाहती है कि प्रियतम का सामीप्य उसे मिले।

बेसरि-मोती, धनि तुहीं, को बूझै कुल जाति।
पीबौ करि तिय-ओठ कौ रसु निधरक दिन-राति।।

बिहारी कहते हैं—नायक नायिका पर प्रेमासक्त है और उसके अधरों यानी होंठों को स्पर्श कर रहे बेसरि मोती यानी नाक के आभूषण को देखकर अचानक ही उससे जलन होने लगती है।

वह नायिका को ध्यान में रखकर कहता है—मुझसे तो अच्छा बेसर-मोती है। तुम धन्य हो। तुम्हारे कुल-जाति को कौन पूछता है या परखता है। इतना भी तो कोई नहीं जानना चाहता कि तू इस परम सुंदरी के होंठों को छूने का अधिकार रखता है या नहीं। इसका अधिकारी तो मैं हूं और तुझसे श्रेष्ठ पात्र भी हूं। हे बेसर-मोती! इस खूबसूरत स्त्री के अधरों का रस तू दिन-रात बेधड़क पिया करता है, जो मुझ जैसे आशिक के लिए अभी भी दुर्लभ बना हुआ है। तू धन्य है बेसर-मोती, तू धन्य है।

कहने का भाव है कि कभी-कभी बेसर-मोती की तरह ही ऐसे लोगों को सुअवसर या पद मिल जाया करता है, जिसके वे हकदार होते ही नहीं हैं या योग्यता ही नहीं रखते हैं। दुनिया में ऐसों को ही ऐसा मौका जाने क्यों मिलता है?

तिय-मुख लखि हीरा-जरी बेंदी बढ़ैं विनोद।
सुत-सनेह मानौं लियौ बिधु पूरन बुधु गोद।।

बिहारी कहते हैं—सखी नायक के सामने नायिका की तारीफ करते हुए कहती है—उस सुंदरी के मुख यानी माथे पर हीरा-जड़ी बिंदी देखकर आनंद बढ़ जाता है। उसका सौंदर्य इतना मनोहारी है मानो चंद्र ने पुत्र स्नेहवश बुध को अपनी गोद में ले लिया है। इस अवधि में नायिका से संबंध बनाना आनंद को बढ़ा सकता है और पुत्र-संतान की भी प्राप्ति हो सकती है, यह संबंध बनाने का श्रेष्ठ समय है।

सुदुति दुराई दुरति नहिं, प्रगट करति रति-रूप।
छुटैं पीक, औरै उठी लाली ओठ अनूप॥

बिहारी कहते हैं–रतिक्रिया के दौरान नायक ने नायिका के अधरों का पान किया है, जिससे नायिका के अधरों पर रक्तिम चमक उभर आई है, इस चमक को छिपाने के लिए नायिका ने पान खा लिया है, लेकिन असली चमक को पान की लाली भी छिपा नहीं सकी। नायिका की सहेली ने उसके इस राज को पहचान लिया। सखी नायिका से कह रही है–हे सखी! तुम्हारे होंठों की सुन्दर आभा छिपाने से भी नहीं छिप रही है। भले ही तुमने पान खा लिया है, पर असली आभा तो अभी भी दिखाई दे रही है, जो तुम्हारी रति-लीला को प्रकट कर रही है अर्थात् होंठों की लाली से अलग किस्म की लाली नज़र आ रही है, जो बहुत ही अनोखी है।

नैंक हंसौं ही बानि तजि, लख्यौ परतु मुहूं नीठि।
चौका-चमकनि-चौंध मैं परति चौंधि सी डीठि॥

बिहारी कहते हैं–नायक दूसरी स्त्री के पास से आया है। नायिका अपनी मुस्कान से नाराज़गी प्रकट करती है, जिससे नायक लज्जित है। नायिका की सहेली समझाने में लगी है–हे सखी, तुम्हारे मुस्कराने की भी क्या आदत है। इस आदत को छोड़ दो क्योंकि तुम्हारी इस आदत से तुम्हारे चेहरे की सुंदरता नज़र नहीं आती है। तुम्हारे आगे के चार दांतों की चमक इतनी ज्यादा है कि आंखें चौंधिया जाती हैं।

कहने का भाव है कि सखी ने नायिका के हंसने की आदत को थोड़ा छोड़ने के लिए कहा ताकि नायक नायिका की हंसी को अन्यथा न ले और बात बिगड़ने न पाए। नायिका के अगले दांतों के सौंदर्य का वर्णन कर नायिका को भी ख़ुश कर दिया कि तुम बहुत ही सुंदर हो। स्थिति बिलकुल ही सामान्य हो गई। सयानी सखी ने बात नहीं बिगड़ने दी। जब मित्र समझदार और सयाने होते हैं, तब मुश्किलों से बड़ी सहजता से उबार लेते हैं।

लसतु सेत सारी ढप्यौ, तरल तरयौना कान।
पर्‌यौ मनौ सुरसरि-सलिल रवि-प्रतिबिन्दु बिहान॥

बिहारी कहते हैं—नायिका की सहेली नायिका में कम्पन उत्पन्न होने तथा कर्णफूल हिल उठने के विषय में नायक से कह रही है—नायिका ने जैसे ही तुम्हें देखा, श्वेत साड़ी में ढका उसका कर्णफूल चंचल हो उठा अर्थात् कंपन होने लगी, मानो सुबह गंगा के जल में सूर्य की परछाईं पड़ रही हो।

कहने का भाव है कि नायक के प्रेम भाव को नायिका ने स्वीकार कर लिया है।

हम हारीं कै कै हहा, पाइनु पार्‌यौ प्यौरु।
लेहु कहा अजहूं किए तेह-तरैर्‌यौ त्यौरु॥

बिहारी कहते हैं—सखी मान छुड़ाने के लिए नायिका से कहती है—तू वास्तव में ही कितनी जिद्‌दी है। हमने तुम्हें अनुनय-विनय पूर्वक समझाया कि अकारण नाराज़ नहीं होते, अंजाम बुरा होता है। हमारे बार-बार अनुनय-विनय करने पर भी तुम्हारा मान भंग नहीं हुआ। तुम्हें इस प्रकार के क्रोध पूर्ण तेवरों से क्या प्राप्त हो सकेगा। हमने तो तुम्हारे चरणों में तुम्हारा प्रियतम भी डाल दिया है। अब तुम नहीं संभली तो हो सकता है प्रियतम निराश होकर यहां से चला जाए।

कहा कहौं वाकी दसा, हरि प्राननु के ईस ।
बिरह-ज्वाला जरिबो लखैं मरिबौ भई असीस॥

बिहारी कहते हैं—नायिका की सखी नायिका की विरह व्यथा का चित्रण करते हुए नायक से कह रही है— हे लाल! मैं उस विरहिणी की वियोग जन्य दशा के बारे में क्या कहूं? जब भी मैं उसे विरहाग्नि में जलते हुए देखती हूं, तब मैं यही सोचती हूं कि अब तो मरना ही उसके लिए एक प्रकार का वरदान साबित होगा। हे नायक! उस विरहिणी के प्राणों के ईश्वर आप ही हैं। शीघ्र ही दर्शन देकर उसके प्राण बचा लो, नहीं तो वह विरह-अग्नि में जलकर नष्ट हो जाएगी।

जेति संपत्ति कृपन कैं तेती सूमति जोर।
बढ़त जात ज्यौं-ज्यौं उरज, त्यौं-त्यौं होत कठोर॥

बिहारी कहते हैं—कृपण यानी कंजूस व्यक्ति के पास धन जैसे-जैसे बढ़ता जाता है, वैसे-वैसे उसकी कृपणता भी बढ़ती जाती है यानी वह

अत्यधिक कंजूस हो जाता है, उसी तरह स्त्री के स्तनों का विकास यानी बढ़त जैसे-जैसे होती जाती है, वैसे-वैसे उनमें कठोरता भी आती जाती है। कवि ने कृपण की कृपणता की तुलना यहां स्त्री के स्तनों से की है।

नैंक न जानी परति, यौं पर्‌यौ बिरह तनुछामु।
उठति दियैं लौं नांदि, हरि लियैं तिहारौ नामु॥

बिहारी कहते हैं–विरहिणी की विरह जन्य व्यथा का वर्णन करती हुए सखी नायक (श्रीकृष्ण) से कहती है–हे हरि! विरह में वह नायिका बहुत ही दुर्बल यानी कमजोर हो गई है। वह नज़र भी नहीं आती यानी पहचानी भी नहीं जाती। लेकिन आपके नाम का जिक्र थोड़ा भी होता है तो वह दीपक की तरह भभककर जल उठती है यानी अपनी सारी विरह व्यथा भुला देती है और उसके जीवन में पुनः जीवंतता दिखने लगती है।

सोवत सपनैं स्यामघनु मिलि हिलि हरत वियोगु।
तब हीं हरि कित हूं गई, नींदौ नींदनु जोगु॥

बिहारी कहते हैं–नायिका ने नींद में एक मीठा स्वप्न देखा। उस स्वप्न का चित्रण वह अपनी अंतरंग सहेली से इस प्रकार कर रही है–आज मैं रात को सपने में घनश्याम से मिली। उन्होंने आलिंगन किया। इस तरह मेरी विरहाग्नि कुछ कम तो हुई, पर कुछ पल के लिए ही। न जाने उसी समय मेरी नींद कहां चली गई और स्वप्न अधूरा ही रह गया। ऐसी नींद निंदनीय है अर्थात् मुझे उस सुख से वंचित करने वाली यह नींद ही है, जो ऐन वक्त पर ही टूट गई। थोड़ी देर और रहती तो उसका क्या बिगड़ जाता, मेरी इच्छा तो पूरी हो जाती।

यह बिनसुत नगु राखि कै जगत बड़ौ जरसु लेहु।
जरी विषम जुर जाइयै आइ सुदरसनु देहु॥

बिहारी कहते हैं–सखी ने नायिका की विरहजन्य दशा का वर्णन नायक को पत्र किया है–हे नायक! क्षीण होते हुए रत्न के समान बेशकीमती सुन्दर नायिका के जीवन को बचाकर यश का भागी बन जाओ। विरह से उत्पन्न ज्वर उसके शरीर को जलाए जा रहा है। आप

जल्दी ही दर्द निवारक रूपी अपना शुभ दर्शन देकर उसके जीवन को विरह की अग्नि के ताप से बचा लो। उसे बस आपका ही आसरा है।

या अनुरागी चित की गति समुझै नहिं कोइ।
ज्यौं-ज्यौं बूड़ै स्याम रंग, त्यौं-त्यौं उज्जलु होइ॥

बिहारी ने भगवान श्रीकृष्ण के परम भक्त की भक्ति-भावना का चित्रण किया है। भक्त कहता है—कोई भी प्रेम से परिपूर्ण इस हृदय की दशा को महसूस नहीं कर सका है। यह हृदय जैसे-जैसे श्याम रंग में डूबता जाता है, वैसे-वैसे उतना ही निर्मल होता चला जाता है।

कहने का भाव है कि भक्त के हृदय में श्रीकृष्ण के प्रति अनुरक्ति जैसे-जैसे बढ़ती जा रही है, भक्त का हृदय भी निर्मल होता जा रहा है। श्याम रंग में डूबकर ही भगवान की भक्ति को पाया जा सकता है।

बिय सौतिनु देखत दई अपने हिय तैं लाल।
फिरति सबनु मैं डहडही उहैं मर गजी माल॥

बिहारी कहते हैं—नायिका की सहेली नायक से कहती है—हे लाल! आपने उस रोज़ दूसरी पत्नियों की ओर देखते हुए अपने वक्षस्थल से जिस माला को उतारकर उसे दिया था, उसी माला को वह गले में डालकर बड़ी प्रसन्नता के साथ पत्नियों के बीच घूम-फिर रही है। उसकी नज़र में उस माला की महत्ता बहुत ज्यादा है।

कहने का भाव है कि एकांत में न देकर सपत्नियों की मौजूदगी में नायक ने माला नायिका को देकर यह जतला दिया है कि वह नायिका पर विशेष रूप से मोहित है और उससे बहुत प्रेम करता है। यही अनुभूति नायिका को आत्मविभोर किए हुए है।

नित संसौ हंसौ बचतु, मनौ सुइहिं अनुमानु।
बिरह-अगिनि-पलटनु सकतु झपटिन मी चु-सुचानु॥

बिहारी कहते हैं—सखी विरहिणी नायिका की विरहाजन्य व्यथा के विषय में नायक से कहती है—हे लाल! वह नायिका विरहाग्नि में दिन-रात जल रही है, फिर भी उसका सांस रूपी हंस जिन्दा है। उसे

देखकर मानो ऐसा लगता है कि मृत्यु रूपी बाज़ उसके प्राण रूपी हंस पर नहीं झपटता। मृत्यु भी उससे डर गई है।

पर्‌यौ जोरू, विपरीत रति रूपी सुरत-रन-धीर
करति कुलाहुल किंकिनी, गह्‌यो मौनु मंजीर॥

बिहारी कहते हैं—नायिका की विपरीत रति के विषय में एक सखी दूसरी सखी से कह रही है—हे सखी! नायक-नायिका दोनों विपरीत रति में लीन हैं। जिसमें नायक हार कर गिर गया है, लेकिन नायिका इस विपरीत रति में दृढ़तापूर्वक डटी हुई है। क्योंकि उसकी कमर की तगड़ी के हिलने से उत्पन्न आवाज़ कानों को सुनाई दे रही है और नायक के पांवों के नुपूर खामोश हो गए हैं अर्थात् नायिका रतिक्रिया में रत है और वह विपरीत रति में नायक से कहीं अधिक प्रवीण है।

सकत न तुवताने बचन मोरस कौ रसु खोइ।
खिन बिन औटे खीर लौं खरौ सवादिलु होइ॥

बिहारी कहते हैं—नायक रसिक मिज़ाज है। रात भर किसी दूसरी औरत के साथ रति क्रिया में लीन रहा और सुबह घर आया तो नायिका ने उसे खरी-खोटी सुना दी। इस पर वह नायिका को समझाकर शांत करने की कोशिश कर रहा है—तेरे तीखे और कठोर वचन मेरे प्रेमानंद को कम नहीं कर सकते, बल्कि तेरे इन कठोर वचनों से मेरे प्रेम-रस का स्वाद और भी अधिक बढ़ता जा रहा है, जैसे दूध जितना ही उबाला जाता है, उतना ही परम स्वादिष्ट होता जाता है।

कहने का भाव है कि नायिका के कटु व कठोर वचनों से नायक के प्रेमानंद में और वृद्धि ही हुई है। वह परस्त्री गमन को नहीं छोड़ने वाला।

चाले की बातैं-चलीं, सुनत सखिनु कैं टोल।
गोएं हूं लोइन हंसत, बिहसत जात कपोल॥

बिहारी कहते हैं—नायिका के गौने में एक सखी दूसरी सखी से कह रही है—नायिका के गौने की तारीख निश्चित करने के विषय में बात चल रही है। इस शुभ समाचार को नायिका ने सखियों के मुंह से सुना तो प्रसन्नता का ठिकाना न रहा। उसके नयनों से ख़ुशी छलक पड़ी। इस

खुशी को उसने छिपाने का बहुत प्रयास किया, पर उसके गालों ने उसके मन के भावों को उजागर कर ही दिया। यानी नायिका के गाल अचानक ही बिहंस पड़े।

सनु सूक्यो, बीत्यौ बनौ, ऊखौलई उखारि।
री हरी अरहरि अजैं, धरि धरि हरि जिय नारि॥

बिहारी कहते हैं—सन, ईख, कपास आदि फसलें काट ली गई हैं, जो नायिका की मिलनस्थली थी। अब वह उदास है कि प्रियतम से कैसे मिलना होगा। सखी दुःखी नायिका को सांत्वना दे रही है—हां, यह सही है कि सन सूख गया है, कपास के पौधे भी नष्ट हो गए हैं और ईख भी उखाड़ी जा चुकी है, फिर भी तुझे दुःखी नहीं होना चाहिए, अभी तो अरहर के पौधे खड़े हैं। इन पौधों की आड़ में तू अपने प्रियतम से मिल सकती है। अभी तो तेरा मिलनस्थल जिंदा है। धैर्य का साथ तुझे नहीं छोड़ना चाहिए।

आए आपु, भली करी, मेटन मान मरोर।
दूरि करौ यह, देखिहै छला छिगुनिया-छोर॥

बिहारी कहते हैं—परस्त्री से रति-क्रीड़ा करके नायक वापस आया है। उसे सामने देखकर नायिका मानवती हो गयी है। इस संबंध में नायिका की सखी नायक को समझा रही है—यह तो आपने बहुत ही अच्छा किया है कि इस मानवती नायिका के मान की ऐंठन को दूर करने के लिए यहां आए हैं। लेकिन आपने कानी उंगली में जिस छल्ले को पहना है, उसे तो अपनी अंगुली से हटा लें वरना नायिका की नज़र इस पर पड़ जाएगी तो मुश्किल हो जाएगी। वह तो पहले से ही परस्त्री गमन को लेकर नाराज़ है, ऊपर से निशानी के तौर पर यह छल्ला देखकर वह कितना नाराज़ होगी कभी सोचा भी है?

जटित नीलमनि जगमगति सींक सुहाई नांक।
मनौ अली चंपक-कली बसि रसु लेतु निसांक॥

बिहारी कहते हैं—सखी नायक से नायिका के रूप-सौंदर्य का वर्णन कर रही है—हे लाल! नायिका ने नाक में नीलमणियों जड़ित सींक यानी

लौंग डाल रखी है, जिससे उसकी नाक की सुंदरता बहुत बढ़ गई है। नायिका की आभा को देखकर ऐसा जान पड़ता है जैसे चम्पा की कली पर भौंरा बैठा हुआ रसास्वादन कर रहा हो।

कवि ने नाक को चम्पाकली और नीलमणि जड़ित लौंग को भौरे के रूप में व्यक्त किया है, जो अद्वितीय है।

पूस-मास सुनि सखिनु पैं साईं चलत सवारू।
गहिकर बीन प्रवीन तिय राग्यौ रागु मलारु॥

बिहारी कहते हैं–एक सखी अपनी दूसरी सखी से कह रही है - हे सखि! उस चतुर नायिका ने पौष मास में सखियों द्वारा यह जैसे ही सुना कि उसका प्रियतम परदेश के लिए अगले दिन सुबह ही जाने वाला है, वैसे ही उसने अपने हाथों में वीणा लेकर मल्हार राग अलापना शुरू कर दिया। मल्हार राग के अलापने से बारिश होने लगी और प्रियतम का परदेश जाने का कार्यक्रम रद्द हो गया। नायिका को प्रियतम का सान्निध्य पुनः प्राप्त हो गया।

कवि ने पूस मास का जिक्र किया है, रतिक्रीड़ा की दृष्टि से यह मास बहुत ही महत्त्व रखता है।

घरू घरू डोलता दीन् ह्वै, जनु जनु जाचतु जाइ।
दियौं लोभ चसमा चखनु लघु पुनि बड़ौ लखाइ॥

बिहारी कहते हैं–लोभी यानी लालची प्रकृति का व्यक्ति अपनी आंखों पर लोभ रूपी चश्मा चढ़ाकर तथा खुद को दीन-हीन रूप में पेश कर हर द्वार पर तथा अपने सामने आए हर व्यक्ति से याचना करता है, लेकिन उसे कोई सफलता नहीं मिलती है क्योंकि लोभ रूपी चश्मा धारण करने के कारण उसे छोटा-से-छोटा मनुष्य भी महान और उदार नज़र आता है, जिससे वह योग्य या अयोग्य व्यक्ति की पहचान नहीं कर पाता है।

कहने का भाव है कि लोभ रूपी चश्मा से छोटी चीज़ भी बड़ी नज़र आती है। वह योग्य-अयोग्य व्यक्ति की पहचान नहीं कर पाता है।

कहा लड़ैते दृग करे, परे लाल बेहाल।
कहुं मुरली, कहूं पीत पटु, कहूं मुकुट बनमाल॥

बिहारी कहते हैं–सहेली नायक यानी श्रीकृष्ण के नायिका पर मोहित होने की दशा का वर्णन उससे कर रही है–हे सखी! तेरे ये नयन कितने लाड़ले हैं यानी तूने अपने नयनों को बहुत लाड़ला बना दिया है, जो ये मौका-बे-मौका का भी ध्यान नहीं रखते हैं। तेरे इन नयनों ने क्या-क्या कर डाला है। इन नयनों में घायल करने की अद्‌भुत शक्ति है अर्थात् ये किसी को भी आहत करने में माहिर हैं। तेरे इन नयनों की बांकी चितवन से आहत नायक (श्रीकृष्ण) कैसे बेसुध पड़ा हुआ है। उसे न तो अपनी मुरली का पता है और न ही अपने पीताम्बर का ही ख्याल है। गले में डाली जाने वाली वनमाला की भी उसे खबर नहीं है और न ही उसे अपने मुकुट का ही पता है कि वह कहां है। हे सखी, यह देख तो जरा श्रीकृष्ण कितनी दयनीय अवस्था में हैं। ये तेरे लाड़ले नयन तो बड़े ही घातक हैं।

कहने का भाव है कि दिल को सबसे अधिक नयनों की बांकी चितवन ही प्रभावित करती है। इससे प्रेमी-हृदय आहत हुए बिना नहीं रहता।

राधा हरि, हरि राधिका बनि आए संकेत।
दंपती रति-विपरीत-सुखु सहज सुरतहूं लेत॥

बिहारी कहते हैं–प्रेमी युगल (राधा-कृष्ण) दोनों ही विपरीत रति में मग्न हैं। इसी भाव को एक सखी दूसरी से कह रही है -

राधा कृष्ण का वेश बनाकर यानी पुरुष रूप में सज-धज कर तथा कृष्ण राधा के रूप में श्रृंगार-प्रसाधन आदि से सजधज कर मिलन-स्थान पर आ पहुंचे। इस प्रकार उन दोनों ने रति-क्रीड़ा में विपरीत रति सुख के आनंद की अनुभूति की।

जसु अपसजु देखत नहीं देखत सांवल-गात।
कहा करौं, लालच भरे चपल नैन चलिजात॥

बिहारी कहते हैं–नायिका अपनी सखी से कह रही है–हे सखी! मैं मजबूर हूं। मैं कुछ नहीं कर सकती। मैं जैसे ही सांवले शरीर वाले श्रीकृष्ण को देखती हूं, वैसे ही मेरी आंखें उस ओर बरबस खिंची चली जाती हैं। मेरे इन नयनों को यश-अपयश का भी ध्यान नहीं रहता। ये

नयन श्रीकृष्ण की सुंदरता के प्रति आसक्त हैं और श्रीकृष्ण के दर्शन के लिए चंचल हो उठते हैं। फिर अपनी व्याकुलता प्रकट कर ही देते हैं।

नख-सिख रूप भरे खरे, तौ मांगत मुसकानि।
तजत न लोचन लालचीए ललचौहीं बानि।।

बिहारी कहते हैं—नायिका अपनी प्रिय सहेली से कहती है—हे सखी! मेरे नयनों ने नायक के पूरे सौंदर्य का रसपान किया है, फिर भी इन आंखों की लालसा नहीं भरी है। अब भी मेरी आंखें नायक की मुस्कान को देखना चाहती हैं। ये मेरी आंखें अपनी लालच भरी आदत नहीं छोड़ रही हैं।

छ्वै छिगुनी पहुंची गिलत अति दीनता दिखाइ।
बलि बावन कौ ब्यौंतु सुनि को, बलि तुम्हैं पत्याई।।

बिहारी कहते हैं—नायिका की सखी नायक से कह रही है—हे लाल! तुम खुद को बहुत बुद्धिमान समझते हो। तुम्हारे दीनता भरे शब्दों को मैं जानती हूं। मुझे पता है कि तुम अंगुली पकड़कर कलाई पकड़ना चाहते हो। तुम्हारा कोई भरोसा नहीं है क्योंकि मैं तुम्हारे स्वभाव को जानती हूं। ऐसा कौन होगा, जिसने राजा बलि और वामन अवतार विष्णु की कहानी न सुनी होगी, फिर वह विश्वास कैसे कर सकता है यानी तुम भी उसी तरह छल करोगे। तीन डग धरती मांगकर उसने तीन लोक मांग लिए। राजा बलि को पाताल लोक में जाना पड़ गया। तुम पर विश्वास करना बेकार है।

कहने का भाव है कि मैंने एक बार तुम्हें यदि उस नायिका के दर्शन करा दिए तो फिर नायिका की ऐसी दशा हो जाएगी कि वह अपने आप ही तुम्हारे प्रति आकृष्ट हो जाएगी और तुम उससे छल करना शुरू कर दोगे। नहीं, मैं ऐसा नहीं कर सकती।

मोहन मूरित स्याम की अति अद्भुत गति जोइ।
बसतु सुचित-अंतर, तऊ प्रतिबिंबितु जग होइ।।

बिहारी कहते हैं—हे मन! कन्हैया यानी श्याम की मोहिनी छवि को तो देख। इस मोहिनी छवि की कैसी अद्भुत गति है। श्याम की

छवि दिल में बसी हुई है, फिर भी उसका प्रतिबिंब सारे संसार में पड़ रहा है यानी श्याम का रूप चारों तरफ नज़र आ रहा है। जिधर देखता हूं, उधर ही वही है।

कहने का भाव है कि ईश्वर सर्वव्यापी है। चारों तरफ वही है।

लटकि-लटकि लटकतु चलतु, डटतु मुकट की छांह।
चटक भर्‌यौ नटु मिलि गयौ अटक भटक-बट मांह।।

बिहारी कहते हैं–भांडीर वन में नायिका अपने प्रियतम के साथ गयी है। वापस आते समय रास्ते में सखियां मिल जाती हैं। नायिका सखियों से मिलते ही कहने लगती है–हे सखियों! भांडीर वन में मुझे झूमता हुआ, कुछ झुकता हुआ तथा मुकुट की चमक से शोभित नट वेष में एक सुन्दर मनुष्य मिल गया। मैं तो वहां वन में भटक रही थी, भला हो उस बेचारे नट का, जिसने मुझ भटकी हुई को सही रास्ता दिखाया। यह सब उसी की कृपा है, जिससे मैं सही-सलामत यहां आ पहुंची।

कहने का भाव है कि चतुर नायिका ने बड़ी सफाई से अपनी प्रेम-क्रीड़ा का रहस्य छुपा लिया, पर सखियों से कहां छुपा रह सका।

मलिन देह, वेई बसन, मलिन बिरह कैं रूप।
पिय-आगम औरै चढ़ी आनन ओप अनूप।।

बिहारी कहते हैं–विरहाग्नि में जल रही नायिका का शरीर मलिन पड़ गया है। प्रियतम के आने की खबर जैसे ही मिली, उसके मुख की सुंदरता अचानक ही बढ़ गई। नायिका में आए इस बदलाव का चित्रण एक सखी दूसरी सखी से बड़ी ही खूबसूरती से कर रही है - हे सखी! उस विरहिणी की शारीरिक शोभा धूमिल पड़ गई है तथा उसने वे ही कपड़े पहने हुए हैं यानी शृंगारविहीन, उसका सौंदर्य मलिन पड़ गया है, लेकिन जैसे ही उसने अपने प्रियतम के आने की खबर सुनी, उसके मुख का सौंदर्य अचानक ही बढ़ गया। वह सौंदर्यमय हो गई। उसने शृंगार कर लिए और वस्त्र आदि भी बदल लिए। उसमें सजने-संवरने की लालसा जाग उठी। वह विरहाग्नि के ताप से उबर गई।

रंगराती रातैं हियैं प्रियतम लिखी बनाइ।
पाती काती विरह की छाती रही लगाइ।।

बिहारी कहते हैं–नायिका का प्रियतम परदेश में है। उसने नायिका को चिट्ठी भेजी है। वह कभी छाती से चिट्ठी लगा रही है तो कभी अपलक देख रही है। इसी भाव का वर्णन एक सखी दूसरी सखी से कर रही है–हे सखी! परदेशी प्रियतम ने अपने स्नेहिल हृदय से प्रेम पूर्ण चिट्ठी लिखकर नायिका को भेजी है। नायिका को जब वह चिट्ठी मिली तो उसने विरहजन्य पीड़ा को कतरनी की तरह कतर दिया। यही वजह है कि वह अपने हृदय से उस चिट्ठी को बार-बार लगा रही है। अब उसका विरहजन्य दुःख काफी हद तक हल्का हो गया है।

बाल, कहा लाली भई लोइन-कोइनु मांह।
लाल, तुम्हारे दृगनु की परी दृगनु मैं छांह।।

बिहारी कहते हैं–नायक-नायिका आपस में बातें कर रहे हैं–परस्त्री गमन करके लौटे हुए दुष्ट नायक ने क्रोधित नायिका से पूछ ही लिया कि प्रिये! तुम्हारी आंखों के कोनों में लाली छाने का क्या कारण है? इस पर नायिका ने जवाब देते हुए कहा कि मेरे नयनों के कोनों में छायी हुई लाली तुम्हारे इन नयनों का प्रतिबिंब है।

कहने का भाव है कि नायिका-नायक की असली स्थिति से अवगत हो गई है कि वह रात भर परस्त्री के साथ रंगरलियां मनाने में व्यस्त रहने के कारण जागता रहा है। उसकी आंखों में लालिमा का कारण यही है। नायक यह सुनकर शर्मिंदा हो गया हैं क्योंकि वह रंगे हाथों पकड़ा जो गया है।

बेसरि-मोती-दुति-झलक परी ओठ पर आइ।
चूनौ होइन चतुर तिय, क्यों पट-पोछ्यों जाइ।।

बिहारी कहते हैं–सखी नायिका से परिहासवश कह रही है–भोली सखी! तुमने अपनी नाक में जो बेसरि (नाक का आभूषण) डाला हुआ है, उसमें जो मोती जड़ा हुआ है, उसकी सुंदरता की आभा तुम्हारे होंठ पर प्रतिबिंबित हो रही हैं। तुम उसे चूना समझ कर जाने बार-बार आंचल

से क्यों पोंछ रही हो। ऐसा करना बेकार है क्योंकि यह चूना नहीं बल्कि यौवनागमन की आभा है, जो तुम्हें भ्रमित कर रही है।

हंसि-हंसि हेरति नवल तिय मदके मद उमदति।
बलकि बलकि बोलति वचन, ललकि ललकि लपटाति॥

बिहारी कहते हैं—सखियों ने नवविवाहिता को शराब पान करवा दिया है। नशा होने के बाद नवविवाहिता तरह-तरह की हरकतें कर रही है। नवविवाहिता की इन हरकतों को देखकर एक सखी दूसरी सखी से कह रही है - सखी! उसे देखो, शराब पान करने के बाद नवविवाहिता अपने प्रियतम की तरफ कैसे बिहंस-बिहंसकर देख रही है और उमंगित होकर कैसे झूम रही है। वह प्रियतम से लोक-लाज भूलकर कैसे लिपट रही है। वह लोक-मर्यादा की सारी बातें इस समय भूल गई है।

कहने का भाव है कि नशा अबोधता और अज्ञानता की ओर ले जाता है। नवोढ़ा को भी बेशरम बना देता है।

सोन जुही सी जगमगति अंग-अंग जोबन-जोति।
सुरंग, कसूंभी कंचुकी दुरंग देह-दुति होति॥

बिहारी कहते हैं—सखी नायिका के सौन्दर्य के बारे में नायक को बता रही है—हे लाल! उस नायिका का यौवन उफान पर है और यौवन जनित उसकी आभा पीले रंग की जूही की तरह खिल रही है। वह शारीरिक स्वर्णिम आभा के कारण पीत तथा लाल वर्ण मिश्रित हो रही है। तुम देखते ही उस पर मोहित हो जाओगे।

तजि तीरथ, हरि-राधिका-तन-दुति करि अनुरागु।
जिहिं ब्रज केलि-निकुंज मग पग-पग होते प्रयागु॥

बिहारी कहते हैं—ब्रजवासी भक्त ब्रजभूमि की महत्ता का वर्णन करते हुए कह रहा है—हे मन! दूसरे तीर्थों को त्याग दे और भगवान श्रीकृष्ण और राधा के शरीर की शोभा में अपना ध्यान लगा ले यानी तू उन्हीं के सौंदर्य की आराधना कर। श्रीकृष्ण तथा राधा ने ब्रज की क्रीड़ा-कुंजों में नाना तरह की लीलाएं की हैं, जिसके कारण ब्रज की निकुंजों के रास्ते में पग-पग पर गंगा-यमुना का संगम प्रयाग तीर्थ राज

ही हैं। तुझे अन्य तीर्थों के मोह में फंसने की ज़रूरत नहीं है। श्रीकृष्ण व राधा की भक्ति में ही सारे तीर्थ समाहित है।

निसि अंधियारी, नील पटु पहिरि, चली पिय-गेह।
कहौ, दुराई क्यौं दुरै दीपसिखा-सी देह॥

बिहारी कहते हैं—सखी नायिका से कह रही है—हे सखी! इस अंधेरी रात में तुम अभिसार के लिए प्रियतम के घर जा रही हो और वह भी नीले वस्त्र धारण करके, लेकिन यह तो बताओ कि दीपक की लौ के समान चमकती हुई तुम्हारी देह की आभा छुपाने से भी कैसे छुप सकती है।

कहने का भाव है कि भले ही अंधेरी रात है और तुमने नीले वस्त्र डाल रखे हैं, लेकिन तुम्हारी देह की आभा जनित चमक दीपशिखा के समान है, जो तुम्हारी इस योजना का खुलासा खुद ही कर रही है और तुम सहजता से पहचान में आ रही हो।

जंध जुगल लोइन निरे करे मनौ बिधि मैन।
कोलि-तरुनु दुख दैन ए, केलि-तरुन सुख दैन॥

बिहारी कहते हैं—सखी नायिका की जंघाओं के सौंदर्य एवं कोमलता के विषय में नायक को बता रही है—हे लाल! उस नायिका की दोनों जंघाएं बहुत सुंदर हैं, मानो कामदेव रूपी ब्रह्मा ने पूरी तरह से शुद्ध लावण्य से उसकी रचना की हो। नायिका की ये जंघाए केले के तनों को दुःख पहुंचाने वाली तथा काम क्रीड़ा में प्रेमी जनों को आनंद देने वाली हैं।

कहने का भाव है कि नायिका की जंघाएं इतनी मांसल, सुडौल और चिकनी हैं कि उन्हें देखकर लगता है कि विधाता ने सारा सौंदर्य उनमें भर दिया है। यही वजह है कि उसकी जंघाएं देखकर केले के तने हीन भावों का अहसास कर दुःखी हो रहे हैं और काम क्रीड़ा में माहिर युवक इन्हें देखकर आनंद अनुभव करते हैं।

झीनैं पट मैं झुलमुली झलकति ओप अपार।
सुरतरु की मनु सिंधु मैं लसति सपल्लव डार॥

बिहारी कहते हैं—नायक नायिका की सखी से कह रहा है—तुम्हारी सखी भी क्या खूब है, झीने वस्त्रों में से झलकती हुई उसकी अनुपम शोभा इस तरह से दमक रही है मानो समुद्र में कल्पवृक्ष की पत्तियों सहित डाली शोभायमान हो रही है।

लग्यो सुमनु ह्वै है सफलु आतप-रोसु निवारि।
बारी-बारी आपनी सींचि सुहृदता - वारि।।

बिहारी कहते हैं—नायक नायिका के घर आने वाला है लेकिन वह अभी आया नहीं है। नायिका इंतजार कर रही है और काफी गुस्सा भी है। कविवर इसी संदर्भ में कह रहे हैं कि हे भोली स्त्री! तेरा मन अपने प्रियतम को प्राप्त करेगा यानी तेरा प्रियतम आने वाला है। अपने गुस्से पर काबू रखो और घर आए नायक से बात करो।

दूसरे अर्थों में—हे माली! तेरी इस वाटिका यानी फुलवारी में लगे हुए फूल फलयुक्त होंगे। तू इस ताप को दूर करने के लिए जल से इस वाटिका की सिंचाई कर यानी वाटिका के पौधों को सींच, तभी ये फूल फल में परिवर्तित हो पाएंगे।

लाज-गरब-आलस-उमंग-भरै नैन मुसकात।
राति-रमी रति देति कहि औरै प्रभा प्रभात।।

बिहारी कहते हैं—नायिका की आंखों के भावों और पीड़ा को देखकर सखी ने जान लिया है कि उसने विपरीत रति की है। सखी इसी भाव को नायिका के सामने व्यक्त कर रही है -

हे सखी! तुम्हारी आंखों में शर्म, आलस्य और गर्व है और आंखें मुस्कुरा रही है, जिससे तुम्हारी कांति सुबह में कुछ और ही तरह की लग रही है। मैंने इससे अनुमान लगा लिया है कि तुमने पिछली रात विपरीत रति की है।

कहने का भाव है कि तुम्हारी आंखों में ख़ुशी, लज्जा आदि के जो भाव झिलमिला रहे हैं, वे रात की रति क्रीड़ा का खुलासा कर रहे हैं। छिपाने की कोशिश न करना।

कुच-गिरि चढ़ि, अति थकित ह्वै, चली डीठि मुंह-चाड़।
फिरि न टरी, परियै रही, गिरी चिबुक की गाड़।।

बिहारी कहते हैं–नायिका की ठोड़ी के गड्ढे पर नायक मोहित है। उसी के बारे में नायक सोच रहा है–नायक ने नायिका को जैसे ही देखा, सबसे पहले उसकी नज़र नायिका के स्तनरूपी पर्वतों पर पड़ी। उसके उन्नत स्तनों पर नज़र पहुंचकर थक गई, पर आगे बढ़ न सकी। फिर मुख लावण्य देखने के लोभ में उसकी नज़र ऊपर की ओर बढ़ी। जैसे ही उसकी नज़र नायिका की ठोड़ी के गड्ढे पर पड़ी, बस उसकी निगाहें वहीं पर ही अटकी रह गईं। नज़र अन्यत्र न जा सकी और अंजाम यह हुआ कि उसकी दृष्टि ठोड़ी के गड्ढे में ही अटकी रह गई। इसके आगे वह कुछ देख ही नहीं सका।

कहने का भाव है कि नायिका इतनी ख़ूबसूरत है कि नायक उसके एक अंग से दूसरे अंग तक पहुंच ही नहीं सका और जहां निगाह अटकी वहीं अटकी पड़ी रह गई।

लाल, तुम्हारे विरह की अगनि अनूप, आपार।
सरसै बरसैं नीर हूं, झर हूं मिटै न झार॥

बिहारी कहते हैं–नायक से नायिका की विरह व्यथा का वर्णन करते हुए सखी कह रही है–हे लाल! तुम्हारे विरह जनित अग्नि के दो रूप हैं। एक तो तुम्हारी विरह अग्नि अनूपता लिए हुए है, दूसरे बहुत अपार है यानी विस्तृत है। विरहाग्नि ऐसी है, जो जल से भी शांत नहीं होती, बल्कि और बढ़ ही जाती है। दूसरे शब्दों में आंखों से आंसू लगातार बह रहे हैं, फिर भी विरह की आग शीतलता ग्रहण नहीं कर रही।

कहने का भाव है कि वर्षा से आग का शमन हो जाता है और जरा सा सेंक कर देने से जलन भी चली जाती है, लेकिन यह विरहाग्नि तो विचित्र है, वर्षा तथा ताप दोनों ही झूठे साबित हुए हैं।

मंगलु बिंदु सुरंगु मुखु, ससि, केसरि आड़ गुरु।
इक नारी लहि संगु, रसमय किय लोचन-जगत॥

बिहारी कहते हैं–नायक नायिका के श्रृंगार पर रीझा हुआ है। वह नायिका की सखी से कह रहा है–आपकी सखी यानी नायिका का श्रृंगार अनूप यानी विचित्र और अनूठा है। जिस तरह से मंगल, चंद्र तथा बृहस्पति एक ही नाड़ी में स्थित हों तो संसार में जल का उचित संयोग

बनता है, उसी तरह से नायिका के मुख रूपी चंद्रमा, लाल रंग की बिंदी रूपी मंगल और केसर के आड़े-तिरछे तिलक के रूप में गुरु ये तीनों एक ही नारी में विराजमान हैं, जिन्होंने मेरी आंखों रूपी दुनिया को आनंदमय बना दिया है।

कहने का भाव है कि इतनी रूपवान स्त्री को देखकर मेरे नेत्र धन्य हो गए हैं। अब शेष कुछ भी देखने की इच्छा मन में नहीं रह गई है।

पिय तिय सौं हंसि कै कह्यौ, लखैं दिठौना दीन।
चंद्रमुखी, मुखचंदु तैं, भलौं चंद-समु कीन।।

बिहारी कहते हैं—एक सखी दूसरी सखी को बतला रही है कि नायक ने नायिका के मुख पर लगे दिठौना को कितना पसंद किया है—नायक नायिका से कह रहा है कि हे चंद्रमुखी! तुमने अपने चेहरे पर इस दिठौने को लगाकर अपने मुख को चंद्रमा के समान कर लिया है।

कौंहर सी एड़ीनु की लाली देखी सुभाइ।
पाइ महावरू देइ को आपु भई बे-पाइ।।

बिहारी कहते हैं—नायिका की सखी दूसरी सखी से नायिका की एड़ियों की लाली के विषय में बता रही है—हे सखी! नाइन जब नायिका के पांवों में महावर लगाने के लिए आई तो वह उसकी एड़ियों की स्वाभाविक लाली को देखकर अचंभित रह गई। उन एड़ियों की लालिमा युक्त आभा इस प्रकार झलक रही थी, जिस प्रकार जंगली फल कौहर का लाल रंग चमकता है।

कहने का भाव है कि नाइन को एड़ियों की लाली इतनी चटक और स्वाभाविक लगी कि वह सोचने लगी कि यह तो प्राकृतिक लाली है और इसकी बराबरी तो महावर कर ही नहीं सकता। मैं क्या महावर लगाऊं।

याकैं उर औरै कछू लगी बिरह की लाइ।
पजरै नीर गुलाब कैं, पिय की बात बुझाइ।।

बिहारी कहते हैं—विरहिणी नायिका की पीड़ा से सखियां भी दुःखी हैं और आपस में बतिया रही हैं—हे सखी! इस नायिका के हृदय में विरह-ज्वाला एक विलक्षण स्थिति में जल उठी है। गुलाबजल को

छिड़कने से यह विरहाग्नि और धूं-धूंकर जलने लगती है और प्रियतम का जिक्र होते ही शांत हो जाती है। आग जल छिड़कने से शांत और वायु के संपर्क में आने से भड़क उठती है। इस विरहाग्नि की यही तो अनूपता यानी विचित्रता है।

रस सिंगार मंजनु किए, कंजनु मंजनु दैन।
अंजनु रंजनु हूं बिना खंजनु गंजनु नैन।।

बिहारी कहते हैं—नायिका की आंखें शृंगार रस में भीगी हुई हैं। यानी अनुकूल शृंगार होने से आंखें कमल के सौंदर्य को भी मात दे रही हैं। नायिका की आंखों की छवि इतनी मनोहर और श्यामल है कि खंजन नामक पक्षी भी हीन भावना का शिकार हो गया है अर्थात् खंजन की आंखों की चमक और सौंदर्य भी धूमिल पड़ गया है।

डारी सारी नील की, ओट अचूक, चूके न।
मोमन-मृगु करबर गहैं, अहे अहेरी नैन।।

बिहारी कहते हैं—नायिका के नेत्रों से आहत हो जाने पर नायक कह रहा है—हे सौंदर्यमयी! तुमने यह जो नीली साड़ी बांध रखी है। इसी नीली साड़ी रूपी डाली की ओट में छुपे ये तेरे नयन शिकारी चीते के रूप में मेरे मन रूपी हिरण को बलपूर्वक झपट रहे हैं, अर्थात् तेरे ये नयन शिकार करने में निपुण हैं और मैं इनका शिकार बन ही जाता हूं।

कहने का भाव है कि तुम्हारे इन शिकारी नैनों ने मेरा बलपूर्वक शिकार कर लिया है यानी अपनी ओर खींच लिया है। मैं तुम पर मोहित हो गया हूं।

हा हा! बदनु उघारि, दृग सफल करैं सबु कोइ।
रोज सरोजनु कैं परै, हंसी ससी की होइ।।

बिहारी कहते हैं—नायिका का मान तोड़ने के लिए सखी कह रही है—हे सखी! हा-हा, तू अपने चेहरे से घूंघट तो हटा ले ताकि हम सब तुझे जी भरकर देख सकें। तेरे इस मुख-सौंदर्य को देखकर कमलों को तो रोना आ जाएगा यानी वे हीन भाव के शिकार हो जाएंगे तथा तेरे मुख

लावण्य में चंद्रमा भी मन-ही-मन हीनता का अनुभव करने लगेगा अर्थात् तेरे मुख सौंदर्य के सामने चंद्रमा की चमक भी धूमिल पड़ जाएगी।

जब-जब वै सुधि कीजियै, तब-तब सब सुधि जांहि।
आंखिन आंखि लगी रहैं आंखें लागति नांहि॥

बिहारी कहते हैं—विरहिणी नायिका अपनी सखी से विरह व्यथा का जिक्र कर रही है—हे सखी! जब-जब मैं अपने प्रियतम का ध्यान करती हूं, तब-तब मैं अपनी चेतना का अभाव खुद में पाती हूं अर्थात् मैं सुध-बुध खो बैठती हूं। प्रियतम मेरी आंखों में बसे हैं। इसलिए मेरी आंख लगती नहीं यानी नींद नहीं आती।

कहने का भाव है कि प्रियतम का वास मेरी आंखों में ही हर पल रहता है, जिससे आंखों में नींद आती ही नहीं है।

कौन सुनै, कासौं कहौं, सुरति बिसारी नाह।
बदाबदी ज्यौं लेत हैं ए बदरा बदराह॥

बिहारी कहते हैं—नायिका अपनी विरह व्यथा का वर्णन अपनी सखी से कर रही है—हे सखी! प्रियतम से अलग होने के बाद मेरे मन में जो खालीपन, जो उदासीनता और दर्द की अधिकता हुई है, मैं किससे कहूं और मेरी व्यथा सुनेगा कौन? एक मात्र प्रियतम ही तो थे, जो मेरी सुनते थे। अब तो उन्होंने मुझे बिल्कुल भुला दिया है। इन कुमार्गी बादलों को तो देखो, ये भी चारों तरफ से आसमान में घिर आए हैं और मुझे मार डालना चाहते हैं।

कहने का भाव है कि आकाश में बादल घिर-घिर आते हैं और ऐसे कामोत्तजक वातावरण में प्रियतम की गैरहाजिरी में विरहिणी का हृदय और भी अधिक संतप्त और दुःखी हो रहा है।

अंग-अंग- नग जगमगाता दीपसिखा-सी देह।
दिया बढ़ाएं हू रहै बड़ौ उज्यारौ गेह॥

बिहारी कहते हैं—सखी नायक से नायिका के शारीरिक सौंदर्य की प्रशंसा कर रही है—हे लाल! नायिका ने अपने अंगों पर जो आभूषण डाले हैं, उनमें जड़े हुए नगों से उसकी देह दीपक की लौ के समान दमकती

हैं। उसकी देह की दमकमयी आभा (चमक) इतनी प्रखर है कि दीपक के बढ़ा देने या बुझा देने पर भी घर में उजाला-ही-उजाला रहता है।

सकुचि न रहियै, स्याम, सुनिए सतरौं हैं बैन।
देत रचौं हौं चित कहे नेह-नैचौहैं नैन।।

बिहारी कहते हैं—सखी दुःखी नायक का उत्साह बढ़ाने के लिए उसे हंसाने हेतु कह रही है—हे लाल, तुम्हें हताश या निराश होने की आवश्यकता नहीं है। यह तो स्वाभाविक है कि मानवती नायिका रोषयुक्त बात तुम्हारे प्रति कहेगी ही। तुम्हें नायिका के कठोर वचन सुनकर धैर्य नहीं खोना चाहिए। आप देख नहीं रहे, इस नायिका की आंखें नेह से भरी है।

कहने का भाव है कि नायक को दुःखी होने की और अपना धैर्य खोने की ज़रूरत नहीं है। सखी नायक और नायिका दोनों को ही समझाने में सफलता प्राप्त कर लेती है।

पत्रा ही तिथि पाइयै वा घर कैं चहुं पास।
नित प्रति पून्यौई रहे आनन-ओप-उजास।।

बिहारी कहते हैं—नायक बैठा हुआ नायिका के मुख-सौंदर्य के बारे में सोच रहा है—नायिका का मुख इतना सुंदर है कि घर के चारों तरफ सुंदर उजाला बिखरा पड़ा रहता है मानो दिन-रात पूर्णिमा की ही तिथि हो। पूर्णमासी को चांद अपनी सोलह कलाओं से परिपूर्ण होकर उगता है और उसकी दूधिया चांदनी चारों तरफ दिखती है, पर यहां तो नायिका का मुख-सौंदर्य ही चांदनी बिखेर रहा है, यहां तो रोज ही पूर्णमासी रहती है।

कहने का भाव है कि पत्रा देखने की ज़रूरत ही क्या है। पूर्णमासी तिथि का पता करना है तो नायिका के घर के पास आ जाइए। यहां तो रोज ही पूर्णमासी है। नायक नायिका के मुख-सौंदर्य पर मोहित है। उसे उसका मुख ही पूर्णमासी का चांद दिखता है।

चमक, तमक, हांसी, ससक, मसक, झपटु लपटानि।
ए जिहिं रति, सो रति मुकति, और मुकति अति हानि॥

बिहारी कहते हैं—नायक रति क्रीड़ा की तुलना में मुक्ति को हीन बताते हुए कहता है—हे सौंदर्यमयी! रति क्रीड़ा में कई आनंद और स्वाद

है, जो जीवन को सहज, सुन्दर और आनंदमय बनाते हैं। जैसे चौंकना, उत्तेजित होना, हंसना, सिसकार भरना, अंगों को दबाना, झपटना, प्रगाढ़ आलिंगन करना आदि। रति क्रीड़ा में ये जो अंदाज हैं, वही तो असल में मुक्ति है। इसके अलावा दूसरी मुक्ति तो व्यर्थ है और उसमें कोई आनंद नहीं है।

मोहूं सौं तजि मोहु, दृग चले लागि उहिं गैल।
छिनकु छ्वाई छबि-गुर-डरी छले छबीलैं छैल॥

बिहारी कहते हैं–अपनी सखी से नायिका अपने नयनों के बारे में बता रही है कि वे कैसे छले गये–हे सखी! ये मेरे नयन, जिन्हें मैं अपना मानती थी, उस बांके प्रियतम ने अपनी छवि रूपी गुड़ की डली से क्षण मात्र ही मेरे नयनों को स्पर्श किया और बस ये नयन उसी के साथ चल दिए। ये उसके प्रेम में इतने दीवाने हो गए कि मेरा साथ ही इन्होंने छोड़ दिया। अब तो मेरे ये नयन मेरे वश में ही नहीं हैं।

तरिवन-कनकु कपोल-दुति विच-बीच ही बिकान।
लाल-लाल चमकति चुनीं चौका चीन्ह-समान॥

बिहारी कहते हैं–नायक दूसरी स्त्री में भी रुचि रखता है। नायिका ने अपना संदेश दूती के हाथ भेजा था। दूती उसके साथ रति क्रीड़ा करके लौटी है। नायिका दूती से कह रही है–हे दूती! तेरे गालों की आभा ऐसी दमक रही है, जिससे मेरे तरौने का सोना बीच-बीच ही से गायब हो गया है और उन तरौनों में जड़ित चुन्नियां आगे के चार दांतों के चिह्नों के समान लाल-लाल चमक रही हैं।

मोहि दयौ, मेरौ भयौ, रहतु जू मिलि जिय साथ।
सो मनु बोधि न सौं पियै, पिय, सौतिनि कै हाथ॥

बिहारी कहते हैं–सपत्नी के प्रति नायक विशेष रूप से मोहित है। नायिका इससे दुःखी है और नायक से कह रही है–हे नायक! तुमने अपना मन मुझे दे दिया है। अब तुम मेरे हो। तुम्हारे इस मन के साथ ही मेरे प्राणों की सत्ता है। कोई भी व्यक्ति किसी को एक बार दी हुई वस्तु उससे छीनकर किसी दूसरे को नहीं देता है। तुम्हारा जो मन मेरे पास है, तुम उसे

मेरी सौत को मत दो। मेरे प्राणों का जुड़ाव तुम्हारे मन से हो गया है। अब यदि तुम अपना मन मेरी सौत को दे दोगे तो मैं मर जाऊंगी।

कहने का भाव है कि तुम्हारे इस मन पर अब सिर्फ मेरा अधिकार है।

औरै भांति भए उब ए चौसरू, चंदनु, चंदु।
पति-बिनु अति पारतु विपति मारतु मारुतु मंदु॥

बिहारी कहते हैं—पति के साथ नहीं होने से नायिका दुःखी है। वह अपनी सहेली से कह रही है—हे सखी! जब प्रियतम थे, तब फूलों का चार लड़ी वाला हार चंदन तथा चंद्रमा के संयोगावस्था में शीतलता तथा आनंद प्रदान करता था, लेकिन अब यह पदार्थ कुछ और ही तरह का हो गया है। प्रियतम के न होने के कारण मुझे ऐसा महसूस हो रहा है। प्रियतम से बिछोह हो गया है, तो ये अत्यंत कष्ट दे रहे हैं। मंद-मंद बहने वाला पवन भी मुझे परेशान कर रहा है। पहले तो यह मुझे अच्छा लगता था।

चलन ना पावतु निगम-मगु जगु, उपज्यौ अति त्रासु।
कुच-उतंग गिरिवर गह्यौ मैना मैनु भवासु॥

बिहारी कहते हैं—नायक मन-ही-मन नायिका के स्तनों की शोभा का वर्णन कर रहा है—उस नवयौवना के उन्नत स्तनों पर काम रूपी मैना जाति ने अपना बसेरा बना लिया है, जिससे वेदशास्त्र सम्मत मार्ग का अनुसरण करना कठिन हो गया है—इस प्रकार चारों तरफ आतंक छा गया है। उस मार्ग का अनुसरण करने से लोगों को अब लुट जाने का डर है।

कहने का भाव है कि उस नवयौवना के उरोज यानी स्तन इतने कामोत्तेजक हैं कि उन्हें देखते ही लोग अपनी मर्यादा को भूल जाते हैं तथा लोक-लज्जा का भी उन्हें ध्यान नहीं रह जाता।

त्रिबली, नाभि दिखाइ, कर सिर ढकि, सकुचि समाहि।
गली, अली की ओट कै, चली भली बिधि चाहि॥

बिहारी कहते हैं—नायक नायिका के शारीरिक सौंदर्य में उलझा हुआ अपने मित्र से कह रहा है—हे मित्र! अचानक ही मेरी दृष्टि वहां चली गई जिधर से वह सुन्दरी आ रही थी। जैसे ही उसने मुझे देखा, वैसे ही वह लज्जा से भर गई और अपने सिर को ढकने लगी। सिर ढकने की कोशिश

में उसके हाथ ऊपर की ओर जैसे ही उठे, उसकी नाभि तथा नाभि के ऊपर की तीन रेखाएं स्वाभाविक रूप से ही दिख गई। नाभि तथा त्रिबली का दर्शन करके मैं धन्य हो गया। उसकी सखी भी साथ में थी। उस रूपसी ने सखी की ओट में मुझे जी भर कर देखा, फिर गली में चली गई।

हंसि उतारि हिय तैं दई तुम जु तिहिं दिना लाल।
राखति प्रान कपूर ज्यौं, वहै चुहुटिनीं - माल॥

बिहारी कहते हैं—सखी नायक से विरहिणी की विरह व्यथा का वर्णन करती हुई कह रही है—हे लाल! तुमने उस रोज उसे जिस घुंघचियों की माला को हंसकर अपने गले से उतार कर दे दिया था, बस उसी घुंघचियों की माला के सहारे उसके प्राण रूपी कपूर की रक्षा हो रही है।

कहने का भाव है कि यदि तुमने उस माला को नायिका को नहीं दिया होता तो उसके प्राण कपूर के समान जाने कब के उड़ गए होते।

वाहिलावैं लोइन लगै कौन जवति की जोति।
जाकैं तन की छांह-ढिग जोन्ह छांह सी होति॥

बिहारी कहते हैं—नायिका की सखी नायक से कह रही है—हे लाल! मेरी सहेली की देह की सुंदरता को देख कर भला ऐसा कौन है, जिसके नयन दूसरी किसी युवती के सौंदर्य की तरफ जा पाएं। मेरी सहेली का शारीरिक सौंदर्य आंखों के लिए परमाकर्षक है, यहां तक कि मेरी सखी के शरीर की छाया के सामने चंद्रमा की चांदनी भी परछाई के समान दिखाई देती है।

कहने का भाव है कि चांदनी की स्निग्धता और निर्मलता भी उस युवती की दैहिक चमक के आगे पानी भरती है।

सतर भौंह, रूखे बचन, करति कठिनु मनु नीठि।
कहा करौं, ह्वै जाति हरि-हेरि हंसौं हीं डीठि॥

बिहारी कहते हैं—सखी के लाख समझाने पर भी नायिका नायक के सामने पड़ने पर मान नहीं दिखा पाती है और अपनी सखी से नायिका कहती है—सखी! मुझे मान करने की तुमने अनेक विधियां बताईं और मैंने बहुत कोशिश भी की। मैंने मान व्यक्त करने के लिए अपनी भौंहें

तरेर लीं तथा मन पर पत्थर रख कर प्रियतम से तल्ख लहजे में बात भी की, लेकिन मैं क्या करूं, मेरी निगाह तो प्रियतम पर पड़ते ही हंस देती है अर्थात् दिल में जो प्रेम है, उसे निगाहें भी व्यक्त कर देती हैं। मान करना कठिन है। प्रेम और मान दोनों एक साथ संभव नहीं हैं।

ज्यौं-ज्यौं जोबन-जेठ दिन, कुच मिति अति अधिकाति।
त्यौं-त्यौं छिन-छिन कटि - छपा छीन परति नित जाति॥

बिहारी कहते हैं—नायिका के शारीरिक सौंदर्य का वर्णन करते हुए सखी नायक से कह रही है—जैसे-जैसे नायिका के यौवन रूपी ज्येष्ठ मास में स्तन रूपी दिन की सीमा बढ़ती जा रही है, वैसे-वैसे क्षण प्रतिक्षण उस नायिका की कमर रूपी रात्रि की सीमा क्षीण होती हुई नज़र आ रही है।

कहने का भाव है कि जेठ के महीने में दिन बड़े होते हैं और रातें छोटी होती हैं, दिन का क्रम से बढ़ना और रात का क्रम से घटना शुरू हो जाता है। इसी तरह किशोरावस्था से युवावस्था के प्रवेश-काल में युवती के स्तनों में बढ़ोत्तरी तथा कमर में क्षीणता होती जाती है।

संपति केस, सुदेस नर नवत, दुहुनि इक बानि।
विभव सतर कुच, नीच नर, नरम विभव की हानि॥

बिहारी कहते हैं—उच्च पद पर बैठे व्यक्ति के स्वभाव तथा स्त्री के बढ़ते केश में पूर्णतः समानता होती है। उच्च व्यक्ति धन के प्राप्त हो जाने पर नम्रतापूर्वक व्यवहार करते हैं और स्त्री के बढ़ते केश नीचे की ओर झुक जाते हैं। नीच व्यक्ति के स्वभाव तथा नारी के स्तनों में भी इसी तरह समानता होती है। नीच व्यक्ति धन मिलते ही अभिमान से अंधा हो जाता है और धन के चले जाने पर दीन हीन बन जाता है। स्त्री के स्तन भी यौवन वृद्धि के समय कठोर होते हैं तथा यौवन के ढलने के साथ-साथ कठोरता त्यागते जाते हैं।

नभ-लाली चाली निसा, चटकाली धुनि कीन।
रतिपाली, आली, अनत, आए बनमाली न॥

बिहारी कहते हैं—अपने प्रियतम श्रीकृष्ण के दर्शन करने के लिए नायिका राह देख रही है। इस इंतजार में रात बीत गई और सुबह हो गई,

लेकिन प्रियतम नहीं आए। नायिका के मन में तरह-तरह के भाव बन-बिगड़ रहे हैं और इन्हीं भावों को वह अपनी सखी से कह रही है—सखी, आसमान में लाली छा गयी है यानी सुबह हो गयी है। रात भी गुजर गई। अब तो गौरैया पक्षी का कलरव भी सुनाई देने लगा है। अब उस श्रीकृष्ण का इंतजार करना बेकार है। मुझे तो लगता है कि वह रात भर किसी परस्त्री के साथ रति क्रीड़ा में डूबे रहे हैं। वे भला मेरे पास क्या करने आयेंगे।

छला छबीले लाल कौ नवल नेह लहि नारि।
चूंबति, चाहति, लाइ उर पहिरति, धरति उतारि॥

बिहारी कहते हैं—एक सखी दूसरी सखी से कह रही है—हे सखी! देखो, वह नायिका नये-नये प्रेम की लगन में लाल छल्ला पाकर कितनी खुश हो रही है। वह कभी उस छल्ले को चूमती है, कभी उसे देखती है, कभी हृदय से लगाती है, कभी उसे गले में धारण कर लेती है और कभी वह उतारकर रख देती है।

कहने का भाव है कि नायिका ने उस छल्ले को नायक के प्रेम का प्रतीक मान लिया है।

थाकी जतन अनेक करि, नैंक न छाड़ति गैल।
करी खरी दुबरी सु लगि तेरी चाह-चुरैल॥

बिहारी कहते हैं—सखी नायक से नायिका की विरहजन्य व्यथा का जिक्र कर रही है—हे लाल, तुम्हारी चाह रूपी चुड़ैल मेरी सखी से इस प्रकार लग गई है कि जरा भी उसका साथ नहीं छोड़ती है। मैं उसे तुम्हारी प्रेम रूपी चुड़ैल से छुड़ाने के लिए अनेक संभव उपाय कर चुकी हूं, पर प्रयास विफल ही रहे। मेरी सखी अत्यंत कमजोर हो गई है।

कहने का भाव है कि तुम्हारे प्रति प्रेमासक्ति उसके हृदय में इतनी अधिक हो गयी है कि वह तुम्हारे सिवा कुछ सोचती ही नहीं है।

लाज गहौ, बेकाज कत घेरि रहे, घर जांहि।
गोरसु चाहत फिरत हौ, गोरसु चाहत नांहि॥

बिहारी कहते हैं—नायिका कृष्ण से कह रही है—हे लाल! कुछ तो लाज करो। तुम यहां इस तरह से बात कर रहे हो—तुम्हें शर्म नहीं आती। तुम बेकार में ही रास्ता रोककर खड़े हो। हमें मालूम है, तुम्हें दूध, दही नहीं चाहिए। तुम तो इसी बहाने हमें रोकना चाहते हो। दूध, दही आदि का मांगना तो छेड़ने के लिए एक बहाना मात्र है।

करी बिरह ऐसी, तऊ गैल नै छाड़तु नीचु।
दीनैं हूं चसमा चखनु चाहैं लहै न मीचु।।

बिहारी कहते हैं—सखी विरहिणी नायिका की विरह व्यथा के विषय में नायक से कह रही है—हे लाल! तुम्हारे वियोग ने मेरी सखी को बहुत कमजोर कर दिया है। लगता है उसकी मौत उसके निकट है, लेकिन मृत्यु चश्मा लगाकर चाहने पर भी उसकी दुर्बलता के कारण उसे देख नहीं पा रही है। तुम्हारा विरह इतना दुष्ट है कि अधमरी स्थिति में भी उसका साथ नहीं छोड़ रहा है।

कहने का भाव है कि अति दुर्बलता के कारण ही नायिका अब तक सुरक्षित है क्योंकि मौत चश्मा चढ़ाकर भी उसे देख नहीं पा रही है। तुम शीघ्र ही मेरी सखी से मिलो, अगर उसका भला चाहते हो या उसके सच्चे प्रेमी हो।

जपमाला, छापैं, तिलक सरै न एकौ कामु।
मन कांचै नाचै वृथा, सांचे रांचै रामु।।

बिहारी कहते हैं—असली भक्ति तो हृदय से होती है। दूसरों को धोखा देने के लिए माथे पर तिलक-छापे लगा लेने से कोई मोक्ष नहीं मिल जाता या ईश्वर प्रसन्न नहीं हो जाता। हाथ में जपमाला लेने से भी कोई सच्चा संन्यासी या महात्मा नहीं बन जाता। यह तो दिखावा है। एक आडंबर है। शुद्ध प्रेम ही असली भक्ति है। असली भक्ति के न होने पर मन की चंचलता मिटती नहीं है, क्योंकि उसमें प्रेम का अभाव होता है। उसकी भक्ति सफल है, जिसके हृदय में राम है और वह राम के नाम में लीन है।

फेरु कछुक करि पौरितैं, फिरि, चितई मुसुकाइ।
आई जावनु लैन, जिय नेहैं चली जमाइ।।

बिहारी कहते हैं—नायक पड़ोसन को अपने प्रति आकर्षित देखकर मोहित हो उठा है। वह मन-ही-मन सोच रहा है—पड़ोसन द्वार तक आई और फिर उसने मुड़कर मुस्कुराते हुए मुझे देखा। वह पड़ोसन दूध जमाने के लिए जामन लेने आई थी, पर मेरे दिल में अपने प्रति प्रेम जमाकर चली गई।

हरषि न बोली, लखिल लनु, निरखि अमि लुसंग साथु।
आंखिनु हीं में हंसि, धर्‌यो सीस हियैं धरि हाथु॥

बिहारी कहते हैं—अपरिचित लोगों के साथ नायक को देखकर नायिका ने कैसा व्यवहार किया या अपने प्रेम का प्रदर्शन किस तरह से किया, इसी भाव के बारे में सखियां आपस में बातचीत कर रही हैं—हे सखी! नायिका ने तुरंत संकेतों से अनुराग व्यक्त कर दिया। पहले तो वह नायिका नायक को देखकर ख़ुश हुई। पर मुंह से नहीं बोली। नायक के साथ में अजनबी लोग थे। इसलिए वह चुप ही रही। वह केवल आंखों में ही हंसी यानी आंखों से अपने मनोभाव व्यक्त कर दिए तथा अपने हाथ को अपने वक्षस्थल से स्पर्श करके अपने सिर पर रखा अर्थात् प्रियतम का निवास-स्थान हृदय में है। सिर पर हाथ रखने से तात्पर्य है कि नायिका को नायक की बातें शिरोधार्य हैं।

को जानै, ह्‌वैहै कहा, ब्रज उपजी अति आगि।
मन लागै नैननु लगैं, चलै न मगलगि लागि॥

बिहारी कहते हैं—विरहजन्य वेदना से दुःखी होकर नायिका अपनी सखी से कह रही है—हे सखी! इस समय ब्रज में ऐसी अद्‌भुत आग फैली हुई है, जिसे देखकर लगता है कि न जाने उस फैली हुई आग से क्या होगा? यह अग्नि नयन रूपी कोमल अंगों के टकराव से हृदय रूपी मानसरोवर में लग गयी है अर्थात् यह अग्नि हृदय को जला रही है। यह ब्रज तो अब ऐसा हो रहा है कि कोई इसके मार्ग के पास से होकर भी न चले।

छिरके नाह न बोढ़-दृग कर-पिचको-जल-जोर।
रोचन रंग-लाली भई वियतिय-लोचन-कोर॥

बिहारी कहते हैं—एक सखी दूसरी सखी से कह रही है—हे सखी! जल-क्रीड़ा करते हुए नायक ने नवविवाहिता की आंखों में अपने हाथ रूपी पिचकारी से जल की धारा मारी। नदी के तट पर खड़ी हुई सारी पत्नियों ने जब इस दृश्य को देखा तो उन्हें अच्छा नहीं लगा। उनके मन में ईर्ष्या भाव उत्पन्न हो गए और उनके नयनों की कोरों में रोचन रंग जैसी लाली छा गई।

कहने का भाव है कि नवोढ़ा नायिका की आंखें पानी के छींटे से रोचन जैसी लाल हो गईं और सौतनों की आंखें ईर्ष्या भाव के कारण लाल हो गईं।

नैना नैंक न मानहीं, कितौ कह्यौ समुझाइ।
तजु मनु हारैं हूं हंसैं, तिन सौं कहा बसाइ॥

बिहारी कहते हैं—नायिका की आंखें नायक पर मुग्ध है। वह शरीर तथा मन दोनों ही नायक को अर्पित कर बैठी है। ऐसे में सखी उसे समझाती है, लेकिन वह अपनी विवशता प्रकट करती है—सखी, मुझे क्या समझा रही हो। अपने ही नयनों पर मेरा कोई अधिकार नहीं रहा। मैंने अपनी इन आंखों को कई बार समझाया है, लेकिन ये मेरी बातें कहां सुनती हैं। यानी ये नायक को देखकर इतनी उत्साहित हो उठती है कि इन्हें आसपास का ध्यान ही नहीं रहता। ये मेरी आंखें तो तन-मन दोनों के हारने के बाद भी मुस्कुराती रहती हैं। ये मेरा उपदेश जरा-सा भी नहीं सुनतीं। मैं इस विषय में कुछ नहीं कर सकती।

चितु बितु वचतु न, हरत हठि लालन-दृग बरजोर।
सावधान के बटपरा ए, जागत के चोर॥

बिहारी कहते हैं—नायक की आंखों में जो सम्मोहन है, उसका प्रभाव नायिका पर ऐसा पड़ा है कि उसका मन ही कहीं खो गया है।

नायिका इसी विषय में अपनी सखी से कह रही है—हे सखी! नायक की आंखें इतनी आकर्षक हैं कि मन रूपी धन का बलपूर्वक हरण कर लिया है। मेरे पास तो अब कुछ बचा ही नहीं है। नायक के ये नयन सावधान व्यक्ति के लिए डाकू और जागते हुए के लिए चोर हैं। लोग तो

कहते हैं कि सावधान रहने पर डाकू नहीं आते और जागते रहने पर चोर नहीं आते। लेकिन नायक की आंखों में विशेष बात ये है कि व्यक्ति चाहे सावधान हो या चाहे जागृत अवस्था में हो, उनका कार्य तो मन को हरण करना ही है और इस तरह से उसके नयन अपने कार्य में सफल हो जाते हैं।

कहने का भाव है कि नायक के आंखों की सम्मोहिनी शक्ति आठों पहर कार्य करती है।

सरस सुमिल चित्त-तुरंग की करि-करि अमित उठान।
गोइ निबाहैं जीतियै खेलि प्रेम-चौगान।।

बिहारी कहते हैं—सखी नायिका को बता रही है कि प्रेम में गुप्त तरीके से कार्य करने से ही सफलता मिलती है—हे सखी! जिस तरह से सधे हुए तथा मिलकर गोल में चलने वाले घोड़ों की ऊंची कूदों के सहारे गेंद को निशाने तक ले जाकर ही चौगान खेल में विजय मिलती है, उसी प्रकार तुम भी रस भरे और स्नेहिल मन की असीम उमंगों द्वारा प्रेम का गुप्त रूप में निर्वाह करते हुए प्रेम के खेल को जीतो।

कहने का भाव है कि प्रेम के मैदान में विजय पाने के लिए प्रियतम के प्रति अपने हृदय को सरस और सहज बनाओ। फिर गोपनीय तरीके से प्रेम को निभाओ।

पहुंचति डटि रन-सुभट लौं, रोकि सकैं सब नांहि।
लाखनु हूंकी भीर मैं आंखि उहीं चलि जांहि।।

बिहारी कहते हैं—सखी नायिका से कह रही है—हे सखी, मैंने तुम्हारी आंखों की निपुणता को पहचान लिया है। तेरी आंखें रणक्षेत्र के वीर योद्धा की तरह निशंक होकर नायक की ओर चली ही जाती हैं। सब सहेलियों की मौजूदगी में भी तेरी आंखों को कोई रोक नहीं सकता। तेरे नयन लक्ष्य संधान में इतने दक्ष हैं कि लाखों की भीड़ में भी अपना लक्ष्य ढूंढ ही लेते हैं।

कहने का भाव है कि लाखों सैनिकों से घिरे अपने शत्रु को योद्धा ढूंढ ही लेता है और शत्रु को निशाना बनाकर उसका काम तमाम कर ही देता है। तेरे नयन भी प्रियतम को भीड़ में भी अपना निशाना बना

डालते हैं और प्रियतम को अपने आकर्षण में बांधकर अपना दीवाना बना ही डालते हैं, ऐसे निशानेबाज नयनों से भला कोई कैसे बचा रह सकता है? सखी, तेरे नयन बड़े निपुण हैं।

चलत-चलत लौं लै चलैं सब मुख संग लगाई।
ग्रीषम-बासर सिसिर-निसिप्यौ मोपास बसाइ।।

बिहारी कहते हैं—नायक परदेश जाने वाला है। सखियां दुःखी और परेशान नायिका को समझा रही है। लेकिन नायिका की आकुलता कम नहीं हो रही है। वह अपनी सखियों से कह रही है—हे सखियों! अभी तो प्रियतम परदेश गए नहीं हैं। फिर भी उनके जाने मात्र की कल्पना से ही मन विकल है। प्रियतम की मौजूदगी में मुझे सारे सुखों का आनंद मिलता रहा है। अब तो मुझे लग रहा है कि वे अपने साथ मेरे सारे सुखों को भी अपने साथ लेते जाएंगे। मेरे प्रियतम उन सुखों के स्थान पर ग्रीष्म कालीन दिन और शिशिर कालीन रातें छोड़े जा रहे हैं। जलना-ठिठुरना बस यही मेरे हिस्से में रह जाएगा।

यहां पर नायिका ने ग्रीष्म और शिशिर ऋतु की बात कही है—ग्रीष्म ऋतु के दिनों में भीषण गर्मी होती है। ये दिन विरहिणी पर भारी पड़ते है, काटे नहीं कटते तथा शिशिर ऋतु की रातें कामोत्तेजक होती हैं, जिन्हें वियोगजन्य अवस्था में काटना मुश्किल हो जाता है। नायिका बस इसी कल्पना से व्यथित है। दुःखी है।

तजतु अठानन, हठ पर्‌यौ सठमति, आठौ जाम।
भयौ बामु वा बाम कौं रहे कामु बेकाम।।

बिहारी कहते हैं—नायिका विरह व्यथा से पीड़ित है। उसकी सखी नायक से उसकी पीड़ा का वर्णन इस प्रकार से कर रही है—हे लाल! उस विरहिणी के लिए तो कामदेव भी क्रूर स्वभाव का हो गया है। वह तो दिन-रात उसे परेशान करने में जुटा हुआ है। कामदेव तो अपनी हठ पर अडिग है। अब तो तुम ही कुछ कर सकते हो।

कहने का भाव है कि काम भावना की प्रबलता दिन-पर-दिन बढ़ती जा रही है। तुम चाहो तो कामजनित अग्नि से दग्ध उसके शरीर को ठंडक मिल सकती है।

बिकसित नवमल्लो कुसुम-निकसित परिमल पाइ।
परसि पजारति बिरहि-हिय बरसि रहे की बाइ॥

बिहारी कहते हैं—नायिका विरह जन्य दुःखों से संतप्त है। ऐसे में उसे पावस ऋतु की हवा चुभ रही है क्योंकि वह इस कामोत्तेजक हवा से दूर ही रहना चाहती है। इसी विषय में नायिका अपनी सखी से कह रही है—हे सखी! पूर्ण रूप से खिली हुई नव-मल्लिका के फूलों से निकली हुई सुगंध को ग्रहण कर पावस ऋतु में बहने वाली हवा विरहिणी के हृदय को छूकर और भी अधिक जला रही है।

कहने का भाव है कि पावस ऋतु की हवा शांति से विरह अवस्था को गुजारने न दे रही है। कामोत्तेजना पैदा कर मन को भटका रही है। सखी, मैं इस कामोद्दीपक वायु से बचना चाहती हूं। यह हवा तो प्रियतम की याद को और भी अधिक ताजा कर देती है।

गोप अथाइनु तैं उठे, गोरज छाई गैल।
चलि, बलि, अलि अभिसार की भली से संझौखैं सैल॥

बिहारी कहते हैं—सखी नायिका को समझा रही है—हे सखी! ग्वाल-बाल चौपालों से उठ गए हैं। यानी चौपालों पर ग्वाल-बालों की चहल-पहल नहीं है तथा रास्ते में गायों के खुरों से उड़ने वाली धूल भी चारों तरफ छा गई है। आते-जाते किसी को आसानी से पहचाना नहीं जा सकता है अर्थात् शाम का धुंधलका हो गया है और रात्रि का पहरा गहराता जा रहा है। हे सखी! अब तुम भी अभिसार के लिए चलो क्योंकि शाम के वक्त की सैर स्वास्थ्य के लिए बढ़िया होती है।

मरकत-भाजन-सलिल-गत इन्दुकला कैं बेख।
झींन झगा मैं झलमलै स्यामगात-नखरेख॥

बिहारी कहते हैं—परस्त्री से रति क्रीड़ा करके नायक वापस लौट आया है। नायिका कुपित होकर नायक से कह रही है—मुझे सब पता है। तुम्हारे सांवले शरीर पर जो परस्त्री के नख चिह्न उभरे हुए हैं, वे तुम्हारे ढीले-ढाले पारदर्शी कुर्ते में से इस तरह झिलमिला रहे हैं, जैसे नील मणियों से जड़ित पात्र में रखे जल में चंद्रमा की कलाएं यानी किरणें प्रतिबिंबित होती हैं।

रंगी सुरत-रंग, पिय-हियैं लगी जगी सब राति।
पैंड़ पैंड पर ठठुकि कै, ऐंड़भरी ऐंड़ाति॥

बिहारी कहते हैं–सहवास के बाद नायिका विविध हरकतें कर रही है और मन-ही-मन आनंदित हो रही है। एक सखी दूसरी सखी से नायिका के विषय में कह रही है–हे सखी, रति क्रीड़ा के आनंद में पगी हुई तथा अपने पिया के आलिंगन का स्वाद ले-लेकर रात भर जागती रही नायिका को देखो, कैसे आनंदित हो रही है। अब तो यह नायिका कदम-कदम पर ठिठक-सी जा रही है और गर्व से अपने शरीर को मरोड़ रही है। यह गर्वान्वित इसलिए हो रही है कि उसने प्रियतम को अपने वश में कर लिया है अर्थात् प्रियतम का पूरा प्यार इसे मिल रहा है।

दुरतन कुच विच कंचुकी चुपरी, सारी सेत।
कवि-आंकुन के अरथ लौं प्रगटि दिखाई देत॥

बिहारी कहते हैं–नायिका के स्तनों के सौंदर्य का वर्णन करते हुए सखी नायक से कह रही है–हे लाल! सुगंधित द्रव्य से सुवासित अंगिया और श्वेत साड़ी से ढके नायिका के स्तन छिप नहीं पा रहे हैं। जिस तरह से कवि द्वारा लिखित अक्षरों को ध्यानपूर्वक देखने से उनका अर्थ समझ में आ जाता है, उसी तरह से ध्यानपूर्वक देखने से स्तन भी उठे हुए दिखाई देने लगते हैं।

कहने का भाव है कि अक्षरों का गहन अर्थ सहसा तो समझ में नहीं आता, पर मनन करने से अर्थ दिखाई देने लगते हैं। स्तन भी ध्यान से देखने पर छिप नहीं पाते हैं।

भई जु छवि तन बसन मिलि, बरनि सकैं सुन बैन।
आंग-ओप आंगी दूरी, आंगी आंग दुरै न॥

बिहारी कहते हैं–नायिका की एक सखी नायक से कह रही है–हे लाल! नायिका ने जो वस्त्र पहने हैं, उनसे उसका शारीरिक सौंदर्य ऐसा हो गया है कि उसका वर्णन करना मुश्किल है क्योंकि वस्त्रों का रंग उसके शरीर की रंगत में मिल जाने से उसकी शारीरिक सुंदरता विलक्षण हो गयी है। वस्त्र और उसके शरीर के रंग दोनों एक-दूजे में मिल गए

हैं। नायिका के शरीर के अंगों की कांति में उसके द्वारा पहनी गयी अंगिया छिप तो गयी है, पर स्तन साफ दिखाई दे रहे हैं।

कहने का भाव है कि उसके वस्त्र उसके शरीर की रंगत से ऐसे मिल गए हैं, जैसे जान पड़ता है कि वह बिल्कुल ही निर्वस्त्र है और नायिका को देखने का यह अवसर सबसे बढ़िया है। तुम अवसर का लाभ उठाकर स्वयं देख सकते हो।

झटकि चढ़ति उतरति अटा, नैंक न थाकति देह।
भई रहति नट कौ बटा अटकी नागर-नेह॥

बिहारी कहते हैं—नायक अपने भवन की बालकोनी में खड़ा है। नायिका उसे देखने के लिए बार-बार ऊपर चढ़ती है और नीचे उतर आती है। नायिका की इन हरकतों को देखकर एक सखी दूसरी सखी से कह रही है—हे सखी! देखो तो सही, वह नायिका अपने भवन की बालकोनी में नायक को देखने के लिए कैसे बार-बार आती-जाती है। उसके चेहरे पर जरा-सी भी थकान नहीं है। इस प्रकार वह नायिका नट की चकई के समान अपने प्रियतम के वश में होकर इधर-उधर घूम रही है।

कहने का भाव है कि वह इस प्रकार प्रेम रूपी डोर से इधर-उधर बंधी फिरती है, जिस प्रकार नट की चकई।

डीठि बरत बांधी अटनु, चढ़ि धावत न डरात।
इतहिं उतहिं चित दुहुनु को नट लौं आवत जात॥

बिहारी कहते हैं—एक सखी दूसरी सखी से कह रही है—हे सखी! नायक तथा नायिका दोनों ने ही अपनी-अपनी अट्टालिकाओं से चढ़कर नज़रों से नज़र मिला रखी है। जिस तरह से नट रस्सी के सहारे कभी इधर तो कभी उधर दौड़ता है और डरता नहीं है, उसी तरह से नायक तथा नायिका अपने मन को दृष्टि रूपी रस्सी के सहारे एक-दूसरे के पास पहुंचा रहे हैं।

कहने का भाव है कि आंखों से ही वे अपने-अपने मनोभावों को एक-दूसरे के पास भेज रहे हैं।

सनि-कज्जल चख-झख-लगन उपज्यौ सुदिन सनेहु।
क्यौं न नृपति ह्वै भोगवै लहि सुदेसु सबु देहु॥

बिहारी कहते हैं—सखी नायक से कहती है—मुझे पता है, तुम नायिका के काजल लगे नेत्रों को देखकर उस पर मोहित हो गए हो। उसके नयन रूपी मीन लग्न में, जिसमें काजल रूपी शनि ग्रह है और ऐसे शुभ ग्रहों से युक्त दिन में स्नेह रूपी बालक उत्पन्न हुआ है, फिर भला यह राजा होकर क्यों न शुभांग युक्त शरीर रूपी देश का भोग करे यानी स्नेह रूपी बालक को राजा बनकर इस समूचे वैभव का भोग करना ही चाहिए।

जुबति जोन्ह मैं मिलि गई, नैंक न होति लखाइ।
सौंधे कैं डोरैं लगी अली चली संग जाइ॥

बिहारी कहते हैं—नायिका की सखियां उसके शारीरिक सौंदर्य का वर्णन कर रही है—देखो तो सही, शुक्ल पक्ष में अभिसार करने वाली वह युवती अपने गौर वर्ण के कारण चंद्र की चंद्रिका में इस प्रकार से घुल-मिल गई है कि अब तो वह थोड़ी-सी भी नज़र नहीं आ रही है। चांदनी और उसकी रंगत का आपस में मिलान हो गया है। अंतर करना कठिन है। उसकी सखी उसकी देह की सुगंध रूपी डोरे से लगी हुई उसके साथ-साथ चली जा रही है।

बहके, सब जिय की कहत, ठौरु कुठौरु लखैं न।
छिन औरैं, छिन और से, ए छबि छाके नैन॥

बिहारी कहते हैं—नायिका सखी से कह रही है—मैं क्या करूं, ये नयन छवि रूपी मदिरा का पान कर मतवाले हो जाते हैं, फिर बहक जाते हैं। मेरे वश में तो रहते ही नहीं हैं और क्षण-क्षण में अपना रूप बदलते रहते हैं। यहां तक कि उचित-अनुचित समय का भी ध्यान इन्हें नहीं रहता है।

कहने का भाव है कि नायिका अपने प्रेम को छिपाने का प्रयत्न करती है, लेकिन ये नयन जबर्दस्ती उसके मन के भावों को व्यक्त कर ही देते हैं।

जौ वाके तन की दसा देख्यौ चाहत आपु।
तौ बलि, नैंक बिलौकियै चलि अचकां चुपचापु॥

बिहारी कहते हैं—नायिका की सहेली नायक से कहती है—यदि आपको विश्वास नहीं है और आप स्वयं उसके तन की सच्ची दशा देखना चाहते हैं तो मैं बलिहारी जाती हूं। आप चुपचाप चलकर देख लीजिए, जिससे आपको मेरे झूठ-सच का ज्ञान हो जाये क्योंकि यदि उसको आपके आगमन की भनक लग जायेगी तो हर्ष से उसका शरीर प्रफुल्लित हो जायेगा और वह हालत न रहेगी।

बन-तन कौं, निकसत, लसत हंसत-हंसत, इत आइ।
दृग-खंजन गहि लै चल्यौ चितवनि-चैंपु लगाइ॥

बिहारी कहते हैं—नायिका अपनी सखी से कहती है—हे सखी! मैं क्या करूं, मेरे घर से निकलते ही वह हंसता-हंसता क्रीड़ा करता हुआ इधर आकर, मेरे नेत्र-रूपी खंजनों को अपनी चितवन-रूपी चैंप लगाकर वन की ओर पकड़ ले चला। मैं उसी के पीछे चल रही हूं।

मरनु भलो बरु बिरह तैं, यह निहचय करि जोइ।
मरन मिटे दुखु एक कौ, बिरह दुहूं दुखु होई॥

बिहारी कहते हैं—नायक के मित्र समझा रहे हैं—विरह के दुःख भोगने से तो उसके लिए मरना ही अच्छा था, यह तुम समझ लो, क्योंकि मरने से दुःख तो मिट जाता है, पर विरह से दोनों को दुःख होता है, अतः तुमको उसके मरने पर दुःख न करना चाहिए, बल्कि यह समझकर धैर्य रखना चाहिए कि चलो वह बेचारी तो दारुण दुःख से छूट गई। हम तो पुरुष शरीर हैं, किसी-न-किसी प्रकार सहन कर ही लेंगे, पर उस कोमलांगी, प्राण से भी अधिक प्रिय अबला के लिए विरह दुःख सहना बड़ा ही कठिन था। यदि दोनों में से एक उससे आज़ाद हो गया, तो अच्छा ही हुआ।

लै चुभकी चलि जाति जित जित जल-केलि-अधीर।
कीजत केसरि-नीर से तित-तित के सरि-नीर॥

बिहारी कहते हैं—जल क्रीड़ा करती हुई नायिका को दिखलाकर सखी नायक का ध्यान उसके गोरे वर्ण की ओर ले जाती है—देखो, यह

जल क्रीड़ा में अधीर नायिका जिस-जिस ओर डुबकी लेकर चली जा रही है, उस-उस ओर के नदी का जल उसकी पीत चमक की आभा से केसर के रंग के समान होता जा रहा है।

चलत पाइ निगुनी गुनी धनु मनि-मुत्तिय-माल।
भेंट होत जयसाहि सौं भागु चाहियतु भाल॥

बिहारी राजा जयशाह की उदारता का वर्णन करते हैं-राजा जयशाह से केवल भेंट करने के लिए याचकों को अपने मस्तक में भाग्य की आवश्यकता पड़ती है। भेंट हो जाने पर, चाहे उनके माथे में सौभाग्य लिखा हो अथवा नहीं और चाहे वे गुणहीन हों अथवा गुणी, सभी संपत्तिशाली हो जाते हैं। निगुणी धन पाकर लौटता है और गुणी मणिमुक्ताओं की मालाएं पाकर।

लाल, अलौलिक लरिकई लखि लखि सखी सिहांति।
आजगाल्हि मैं देखियतु उर उकसौंही भांति॥

बिहारी कहते हैं—नायिका के सौंदर्य का वर्णन सखी नायक से कर रही है—उसका विलक्षण लड़कपन देख-देखकर दूसरों को कौन कहे, उसकी सखियां भी आश्चर्य करती हैं। आज-कल में ही उसके वक्षस्थल पर उभार आया हुआ-सा देखा जा सकता है।

बिलखी डभकौं हैं चखनु तिय लखि, गवनु बराइ।
पिय गहबरि आऐं गरैं राखी गरैं लगाइ॥

बिहारी कहते हैं—प्रेयसी के आंसू भरे नेत्र और उसे दुःखी देखकर प्रियतम ने अपना विदेश जाना टालकर उसके प्राणों की रक्षा की और उसको कुछ देर तक गले से लगाए रखा।

तरुनकोकनद-बरनबर भए अरुन निसि जागि।
बाही कैं अनुराग दृग रहे मनौ अनुरागि॥

बिहारी कहते हैं—व्याकुल नायिका नायक से कह रही है-हे लाल! तुम्हारे नेत्र रात भर जागकर तरुण कोकनन्द के सुन्दर रंग के समान लाल हो गये हैं, मानो जिस स्त्री के साथ तुम जागे हो, उसी के प्रेम से जो तुम्हारे दिल में है, तुम्हारे नयन रंग गये हैं।

आवत जात न जानियतु, तेजहिं तजि सियरानु।
घरहं जंवाई लौं घट्यौ खरौ पूस-दिन-मानु॥

बिहारी पौष मास के दिनों के छोटे होने का वर्णन, ससुराल में रहने वाले जमाई का मजाक करते हुए कहते हैं—पूस के दिन का मान यानी प्रतिष्ठा घर-जमाई की भांति ऐसा घट गया है कि अब वह आता-जाता जाना नहीं जाता और स्वभाव की उग्रता को छोड़कर नम्र हो गया है।

मिलि चंदन-बेंदी रही गौरें मुंह, न लखाइ।
ज्यौं-ज्यौं मदलाली चढ़ै, त्यौं त्यौं उघरति जाइ॥

बिहारी कहते हैं—नायिका के सौंदर्य का वर्णन सखी नायक से कर रही है—उसके गोरे मुख में चन्दन की बिंदी ऐसे मिल जा रही है कि पहचान में नहीं आ रही। ज्यों-ज्यों मदिरामय लाली उसके मुख पर चढ़ती जाती है, त्यों-त्यों वह बिन्दी सामने होती जाती है।

मैं समुझ्यौ निरधार, यह जगु कांचो कांच सौ।
एकै रूपु अपार प्रतिबिंबित लखियतु जहां॥

बिहारी कहते हैं—मैंने तो बस यह समझा है कि यह असत्य संसार कांच के समान है, जहां एक ही रूप अनंत रूप से प्रतिबिम्बित होता है।

जहां जहां ठाढ़ौ लख्यौ स्यामु सुभग-सिरमौरु।
बिन हूं उन छिनु गहि रहतु दृगनु अजौं वह ठौरु॥

बिहारी कहते हैं—श्रीकृष्ण के मथुरा चले जाने पर गोपियां कहती हैं कि जिन स्थानों पर श्यामसुंदर को खड़ा देखा था, उन स्थानों में उनके संसर्ग से कुछ ऐसी रमणीयता आ गई है और उन्हें देखकर उनका कुछ ऐसा स्मरण हो आता है कि अब तक वे स्थान, श्यामसुंदर के वहां उपस्थित न रहने पर भी, आंखों को ऐसे प्रिय लगते हैं कि क्षण भर हम सब श्यामसुंदर के ध्यान में मग्न होकर उनमें वे लवलीन हो जाती हैं।

लालन, लहि पाऐं दुरै चोरी सौंह करैं न।
सीस-चढ़े पनिहा प्रगट कहैं पुकारैं नैन॥

बिहारी कहते हैं—कुपित नायिका नायक पर नाराज हो रही है—हे लाल, रंगे हाथों पकड़े जाने पर चोरी कसम खाने से नहीं छिपती। ये तुम्हारे ढीठ नयन तुम्हारी चोरी पुकार-पुकारकर प्रकट कर रहे हैं।

तुरत सुरत कैसैं दुरत, मुरन नैन जुरि नीठि।
डौंड़ी दै गुन रावरे कहति कनौड़ी डीठि॥

बिहारी कहते हैं—नयिका नायक से कहती है—तुरंत की हुई कोई बात कैसे छिप सकती है। तुम्हारे नयन तो मेरे नयनों के सामने होते ही नहीं और यदि होते भी हैं तो बड़ी मुश्किल से मेरी आंखों से मिलकर और फिर संकुचित होकर अपराधियों के नेत्रों की भांति मुड़ जाते हैं। तिरछी नज़र तुम्हारे अवगुण ढिंढोरा पीटकर कह रही है।

बालमु बारैं सौति कैं सुनि परनारि-बिहार।
भो रसु अनरसु, रिस रली, रीझ खीझ इक बार॥

बिहारी कहते हैं—नायिका अपनी सखी से कहती है—सौत की बारी में प्रियतम को परस्त्री-विहार में लगा हुआ सुनकर उसको सुख, दुःख, रोष तथा उपहास करने की वृत्ति, प्रसन्नता तथा खीझ ये सब विरोधी भावों के जोड़े एक बार में ही उत्पन्न हुए।

लोभ-लगे हरि-रूप के, करी सांटि जुरि जाइ।
हौं इन बेची बीच हीं, लोइन बड़ी बलाइ॥

बिहारी कहते हैं—नायिका सखी से कह रही है—हे सखी! ये मेरे नयन बड़ी बला हैं। इन्होंने हरि के रूप-रूपी धन के लोभ में लगे हुए उनके पास जाकर और उनसे मिलकर सट्टा कर लिया और मेरा ही सौदा कर दिया।

चिलक, चिकनई, चटक सौं लफति सटक लौं आइ।
नारि सलोनी सांवरी नागिनि लौं डसि जाइ॥

बिहारी कहते हैं—नायक नायिका को देखकर कह रहा है—चमक, चिकनाई तथा चटकीलेपन से छड़ी की तरह लचकती हुई इस तरफ आकर वह सांवली स्त्री नागिन-सी डंसकर जा रही है।

तोरस-रांच्यौ आन-बस कहौ कुटिल-मति, कूर।
जीभ निबौरी क्यौं लगै, बौरी, चाखि अंगूर॥

बिहारी कहते हैं–सखी नायिका को समझा रही है–निर्मम लोग तेरे प्रियतम को दूसरी स्त्री के वश में भले ही कहा करें, पर तू उनका विश्वास मत कर। अरी बावली, तू यह तो समझ कि अंगूर चखकर फिर कड़वी नीम जीभ कैसे लग सकती है।

जुरे दुहुनु के दृग झमकि, रुके न झीनैं चीर।
हलुकी फौज हरौल ज्यौं परै गौल पर भीर॥118॥

बिहारी कहते हैं–दो सखियां आपस में बात कर रही हैं–दोनों नायक-नायिका के नेत्र फटाफट भिड़ गए, झीने पट से रुके नहीं; जिस प्रकार हमलावर फौज सतर्क होने के कारण मुख्य सेना पर भीड़ पड़ती है।

केसर केसरि-कुसुम के रहे अंग लपटाइ।
लगे जानि नख अनखुली कत बोलति अनखाइ॥

बिहारी कहते हैं–नायिका को सखी समझा रही है–नायक के अंग में केसर के फूल के किंजल्क लगे हुए हैं। तू उनको अन्य स्त्री के नख लगे हुए जानकर बिना कारण जाने क्यों उत्साह रहित होकर बोलती है।

दृग मिहचत मृग-लोचनी भर्‌यौ, उलटि भुज, बाथ।
जानि गई तिय नाथ के हाथ परस हीं हाथ॥

बिहारी कहते हैं–प्रियतम के पीछे से आकर नेत्र बंद करते ही नायिका ने भुजाओं को उलटकर प्रियतम को बांहों में भर लिया। वह पुरुष-हाथ के स्पर्श मात्र से ही अपने प्रियतम के हाथ पहचान गई।

खिन खिन में खटकति सु हिय, खरी भीर मैं जात।
कहि जु चली, अनहीं चितै, ओठनु हीं बिच बात॥

बिहारी कहते हैं–नायक नायिका की सखी से कह रही है–भीड़ में जाते समय बिना मेरी ओर देखे ही वह होंठों के बीच ही में जो बात कहकर चली गई, वह पल-पल मेरे दिल में खटक उठती है।

नई लगनि, कुल की सकुच बिकल भई अकुलाइ।
दुहूं और ऐंची फिरति, लौं दिनु जाइ॥

बिहारी कहते हैं—सखी नायक से कह रही है—नायिका नवीन अनुराग तथा कुल की लज्जा इन दोनों से व्याकुल हुई डोलती है और दोनों ओर खिंची हुई फिरती है। उसका दिन चरखी की भांति बीत रहा है।

रही पकरि पाटी सु रिस भरे भौंह, चितु नैन।
लखि सपनैं तियआन-रत, जगतहु लगत हियैंन॥

बिहारी कहते हैं—दो सखियां आपस में बात कर रही है—वह स्त्री सपने में पति को अन्य स्त्री से प्रेम करते देखकर जागते हुए भी उसके हृदय से न लगते हुए, भौंहों, मन तथा नयनों को गुस्से से भरे हुए नायक की ओर पीठ करके लेटी है।

किय हाइलु चित्त-चाइ लगि, बजि पाइल तुव पाइ।
पुनि सुनि सुनि मुंह-मधुरधुनि क्यौं न लालु ललचाइ॥

बिहारी कहते हैं—सखी नायिका से कहती है-तेरे पैर की पायल ही ने बजकर और नायक के चित्त के भाव पर लगकर जब उसको घायल कर दिया है तो फिर तेरे मुख की मधुर ध्वनि सुन-सुनकर प्रियतम क्यों न ललचायेगा।

मृगनैनी दृग की फरक, उर-उछाह, तन-फूल।
बिन हीं पिय-आगम उमगि पलटन लगी दुकूल॥

बिहारी कहते हैं—एक सखी दूसरी सखी से कह रही है—देखो, यह मृगों के से नयनों से चारों ओर देखती हुई अपने नेत्र की फड़क से उत्साहित तथा शरीर के अचानक उभार से बिना प्रियतम के आये ही हर्षित होकर उनसे मिलने के चाव से साड़ी इत्यादि बदलने लगी है।

रहे बरोठे मैं मिलत पिउ प्राननु के ईसु।
आवत आवत की भई बिधि की घरी घरी सु॥

बिहारी कहते हैं—सखियां आपस में नायिका के बारे में बात कर रही हैं—इसके प्राणों का ईश प्रियतम बरामदे में गुरुजनों तथा इष्ट मित्रों

से मिलता हुआ ठहर गया है। इसके कारण वह आने की प्रतीक्षा की घड़ी कठिन घड़ी हो रही है।

हौं हीं बौरी बिरह-बस, कै बौरौ सबु गाउं।
कहा जानि ए कहत हैं ससिहिं सीतकर-नाउं।।

बिहारी कहते हैं—नायिका को चंद्रमा की किरणों से गर्मी लग रही है। वह अपने मन में सोचती है कि लोगों ने चंद्रमा का नाम शीतकर क्यों रखा है?

मैं ही विरह के कारण बावली हो रही हूं, जिससे मुझे चन्द्रमा की शीतल किरणें गर्म लग रही हैं अथवा सारा ग्राम ही पगला गया है, जिससे सबको ताप देने वाले चंद्रमा की किरणें ठंडी लगती हैं। ज्ञात नहीं होता कि ये लोग चंद्रमा को जो गर्मी प्रदान करता है, क्या जानकर शीतकर नाम रखा है।

अनी बड़ी उमड़ी लखैं असिबाहक, भट भूप।
मंगलु करि मान्यौ हियैं, भो मुंहु मंगलु रूप।।

बिहारी मिर्जा राजा जयशाह की वीरता की प्रशंसा करते हैं—वीर राजा ने शत्रु की बड़ी सेना चढ़ आई देखकर अपने दिल में इस घटना को शुभ माना और उसका मुख उत्साह से गुलाबी हो गया।

सोवत, जागत, सुपन-बस, रस, रिस, चैन, कुचैन।
सुरति स्यामधन की, सु रति बिसरैं हु बिसरै न।।

बिहारी कहते हैं—नायिका अपनी दशा का वर्णन सखी से कर रही है—सोते, जागते, स्वप्न देखते, रस में, ईर्ष्या में, चैन करते, विकल होते—इन सब दशाओं में से किसी में भी श्याम की जो स्मृति है, वह भुलाने से भी नहीं भूलती।

संगति सुमति न पावहीं परे कुमति कैं धंध।
राखौ मेलि कपूर मैं, हींग न होइ सुगंध।।

बिहारी कहते हैं—कुमति की संगति में पड़े हुए लोग अच्छी संगति से सुमति नहीं पाते। हींग को कितना ही कपूर में मिलाकर रखो, पर वह अच्छी महक वाली नहीं होती।

बड़े कहावत आप सौं, गरुवे गोपीनाथ।
तौ बदिहौं, जौ राखिहौ हाथनु लखि मनु हाथ॥

बिहारी कहते हैं—सखी नायिका के हाथों के सौंदर्य का वर्णन कर नायक के मन में रुचि उत्पन्न करती है—हे गोपीनाथ! तुम अपने मन से बड़े कहलाते हो। पर मैं तो तुम्हारी बड़ाई तब मानूंगी, जब तुम उसके हाथों को देखकर अपना मन अपने वश में रखोगे।

ढरे ढार, तेहीं ढरत दूजैं ढार ढरैं न।
क्यौं हू अपने आन सौं नैना लागत नैन।

बिहारी कहते हैं—नायक अपने मित्रों से कहता है—मेरे नयन जिस पर रीझे हैं उसी पर ढरते हैं, दूसरे पर नहीं रीझते। किसी प्रकार भी अन्य मुख से मेरे नयन रीझकर नहीं लगते।

सोवत लखि मन मानु धरि, ढिग सोयौ प्यौं आइ।
रही, सुपन के मिलनि मिलि, तिय हिय सौं लपटाइ॥

बिहारी कहते हैं—एक सखी दूसरी सखी से कह रही है—उसको मन में मान धारण करके सोते देख प्रियतम आकर उसके पास सो गया। तब वह स्त्री स्वप्न के मिलन की तरह मिलकर प्रियतम से लिपट गई।

जोन्ह नहीं यह, तमु पहै, किए जु जगत निकेतु।
होत उदै ससि के भयौ मानहु ससहरि सेतु॥

बिहारी कहते हैं—नायिका सखी से कह रही है—यह चांदनी नहीं है, वही अंधकार है, जिसने संसार में अपना घर कर रखा है, यह जो सफेद जान पड़ता है, मानो चंद्रमा के उदित होते ही वह अंधकार डर कर सफेद हो गया है। चांदनी होती तो मेरे शरीर का ताप दूर करती।

जात-जात बितु होतु है ज्यौं जिय मैं संताषु।
होत-होत जौ होइ तौ होइ घरी मैं मोषु॥

बिहारी कहते हैं—जिस प्रकार धन जाते-जाते मन में संतोष होता जाता है कि ईश्वर की यही इच्छा है, हमारा क्या है, उसी प्रकार उसके

होते-होते सन्तोष हो कि जो ईश्वर की इच्छा होगी, वही मिलेगा, हम व्यर्थ में ही क्यों सुमार्ग-कुमार्ग से धन संचित करने का उपाय करें तो क्षण भर में मोक्ष हो जाए।

तन भूषन, अंजन दृगनु पगनु महावर-रंग।
नहिं सोभा कौं साजियतु कहिबैं ही कौं अंग॥

बिहारी कहते हैं—सखी नायक से नायिका की सुंदरता के बारे में बता रही है—वह ऐसी सुन्दर है कि उसके तन को भूषण से, आंखों को अंजन से तथा पांवों को महावर के रंग से सौंदर्य बढ़ाने के लिए नहीं सजाया जा सकता। कहने मात्र को ये सब उसके अंग में हैं।

नितप्रति एकत हीं रहत, बैस-बरन-मन-एक।
चहियत जुगलकिसोर लखि लोचन-जुगल अनेक॥

बिहारी कहते हैं—हमेशा एक साथ ही रहने वाले तथा उम्र, रंग एवं मन से एक ही रहे युगलकिशोर को देखकर तृप्ति नहीं होती। उनकी शोभा देखने के लिए नयनों के अनेक जोड़े की ज़रूरत है।

मन न धरति मेरौ कहौ तूं आपनैं सयान।
अहे, परनि परि प्रेम की परहथ पर पारि न प्रान॥

बिहारी कहते हैं—नायिका से सखी कहती है—तू अपने सयानेपन के अभिमान के कारण मेरा कहा अपने मन में नहीं धरती। मैं तुझे सजग किये देती हूं। देख, प्रेमी के झांसे में पड़कर तू अपने प्राण दूसरे के हाथ में मत डाल।

नख-रेखा सोहैं नई, अलसौं हैं सब गात।
सौं हैं रोत न नैन ए, तुम सौंहें कत खात॥

बिहारी कहते हैं—नायिका नायक से कहती है—तुम्हारे शरीर में नई नख-रेखाएं शोभित हैं और तुम्हारा शरीर आलस्य-युक्त है जिसकी लज्जा से तुम्हारे ये नेत्र सामने नहीं होते। तुम झूठी कसमें क्यों खा रहे हो कि तुम अन्य स्त्री के यहां नहीं गये थे।

हरि, कीजति बिनती यहै तुम सौं बार हजार।
जिहिं तिहिं भांति डर्‌यौ रह्यौ पर्‌यौ रहौं दरबार॥

बिहारी कहते हैं—हे हरि! तुमसे हज़ार बार यही विनती है कि मैं तुम्हारे दरबार में जिस प्रकार हो सके, उसी प्रकार लोटता-पोटता पड़ा रहूं।

भौंह उंचै, आंचरु उलटि, मौरि मोरि, मुहु मोरि।
नीठि नीठि भीतर गई, दीठि दीठि सौं जोरि॥

बिहारी कहते हैं—नायिका की सखी को नायक बता रहा है—भौंहें ऊंची करके आंचल किसी बहाने से उलटकर जिसमें सुन्दर मुखड़ा इत्यादि दिखाई दे जाये, सिर घुमाकर और फिर मुंह मोड़कर मेरी दृष्टि से दृष्टि मिलाकर बड़ी मुश्किल से वह भीतर चली गई।

जिहिं निदाघ-दुपहर रहै भई माघ की राति।
तिहिं उसीर की रावटी खरी आवटी जाति॥

बिहारी कहते हैं—सखी नायक से नायिका के विरह का वर्णन करती है-खस की बनी हुई झोंपड़ी में ऐसी ठंडक है कि उसमें बैठने वाले को ग्रीष्म की दोपहर, माघ की रात जान पड़ती है, उस खस की झोंपड़ी में भी वह विरह-ताप के कारण उबली जा रही है।

रही दहेंड़ी ढिग धरी, भरी मथनिया बारि।
फेरति करि उलटी रई नई बिलोवनहारि॥

बिहारी कहते हैं—एक सखी दूसरी सखी से कहती है—दही की हाड़ी तो पास ज्यों की त्यों रह गई, केवल जल से भरी हुई हाड़ी में बिना दही डाले ही यह अनोखी बिलोने वाली मथनी उलटी करके घुमा रही है।

देबर-फूल-हने जु, सु सु उठे हरषि अंग फूलि।
हंसी करति औषधि सखिनु देहन-ददोरनु भूलि॥

बिहारी कहते हैं—एक चतुर सखी दूसरी सखी से कह रही है—देवर द्वारा फूल से मारे हुए जो-जो अंग हैं, सो-सो तो हर्षित होकर फूल उठे हैं।

वह देह के ददोरों को भूलकर औषधि करती हुई भ्रमित सखियों पर हंस पड़ी कि ये कैसी अनाड़ी हैं।

पहुला-हारु हियैं लसै, सन की बेंदी भाल।
राखति खेत खरे खरे खरे-उरोजनु बाल॥

बिहारी कहते हैं—नायक नायिका की स्वाभाविक शोभा पर मुग्ध होकर कह उठता है—इसके हृदय पर केवल 'पहुला' हार शोभित है तथा माथे पर सन की बिंदी है। यह युवती उन्नत उरोजों से खड़े-खड़े खेत की निगरानी करती मोहित कर रही है।

लई सौंह सी सुनन की, तजि मुरली, धुनि आन।
किए रहति नित रातिदिनु कानन-लागे कान॥

बिहारी कहते हैं—नायिका के प्रेम की दशा का वर्णन सखी नायक से करती है—जब से उसने आपकी मुरली की तान सुन ली है, तब से मुरली की धुन को छोड़कर अन्य ध्वनि न सुनने की शपथ-सी ले ली है। दिन-रात वन की ओर कान लगाए रहती है।

तूं मति मानै मुकतई कियैं कपट चित कोटि।
जौ गुनही, तौ राखियै आंखिनु मांझ अगोटि॥

बिहारी कहते हैं—नायिका नायक से कहती है कि तू अनेक प्रकार के कपट करने से यह मत जान कि कपट से तेरा अपराध छिप गया, मैं तेरी बातें अच्छी तरह से जानती हूं। नायक कहता है कि यदि मैं आपकी दृष्टि में अपराधी ही हूं तो मुझको आंखों के सामने ही रखा कीजिए।

गिरि तें ऊंचे रसिक-मन बूढ़े जहां हजारु।
वहै सदा पसु-नरनु कौ प्रेम-पयोधि पगारु॥

बिहारी कहते हैं—जिस प्रेम रूपी सागर में पहाड़ से भी ऊंचे रसिकजनों के हज़ारों मन डूब गये, पर उसकी थाह न पा सके, वही प्रेम-रूपी समुद्र नर पशुओं के लिए सदा एक खाई मात्र है।

गली अंधेरी, सांकरी भौ भटभेरा आनि।
पर पिछाने परसपर दोऊ परस-पिछानि॥

बिहारी कहते हैं–एक सखी दूसरी सखी से कहती है–अंधेरी तथा संकरी गली में जाकर दोनों के शरीर से शरीर का स्पर्श हो गया। स्पर्श की पहचान से दोनों परस्पर पहचाने गये।

काह पठइ जिस-भावती पिय आवन की बात।
फूली आंगन मैं फिरै, आंग ने आंग समात॥

बिहारी कहते हैं–नायिका अपनी सखी से कहती है- मन को सुख देने वाली अपने आने की बात प्रियतम ने किसी के द्वारा उससे कहला भेजी है, जिससे वह आंगन में खिली-खिली घूमती है, ख़ुशी उसके अंग-अंग में नहीं समाते।

जिन दिन देखे वे कुसुम, गई सु बीति बहार।
अब, अलि, रही गुलाग मैं अपत, कंटीली डार॥

बिहारी कहते हैं–हे भौंरा, जिन दिनों तूने वे सुन्दर तथा सुगन्धित पुष्प देखे थे, वह बसन्त ऋतु तो बीत गई। अब तो गुलाब के पौधे में बिना पत्ते के तथा कांटेदार शाखा रह गई है। अब इससे दुःख के सिवा, सुख की संभावना नहीं है।

मैं बरजी कै बार तूं , इस कित लेति करौट।
पंखुरी लगैं गुलाब की परिहै गात खरौट॥

बिहारी कहते हैं–सखी नायिका से कह रही है–मैंने तुमको कितनी बार मना किया, इस ओर कहां आ रही है। ऐसा मत कर, नहीं तो पलंग के किनारे लगाई गई इन गुलाब की पंखुड़ियों में से किसी गुलाब की पंखुड़ी के लग जाने से तेरे कोमल अंग में खरोंच पड़ जायेगी।

स्वेद-सलिलु, रोमांच-कुसु गहि दुलही अरु नाथ।
दियौ हियौ संग हाथ कैं हथलेय हीं हाथ॥

बिहारी कहते हैं–एक सखी दूसरी सखी से कह रही है–विवाह के समय दुल्हन और दूल्हे ने स्वेद-रूपी जल तथा रोमांच-रूपी कुश ग्रहण करके, परस्पर अपना-अपना हृदय एक-दूसरे के हाथ में दे दिया।

दच्छिन पिय, ह्वै बाम-बस, बिसराई तिय आन।
एकै बापरि कैं बिरह लागी बरष बिहान।।

बिहारी कहते हैं—नायक की कई पत्नियां हैं, फिर भी किसी पड़ोसन पर वह आसक्त हो गया है, उसी के घर में पड़ा रहता है और अपनी पत्नियों के पास कई-कई दिनों तक नहीं आता। वे सब आपस में बात कर रही हैं—कई स्त्रियों का पति होकर भी हमारे पति ने उस दुष्टा स्त्री के वश में होकर अन्य स्त्रियां भुला दीं। हम लोगों को तो अब एक ही घर में विरह में वर्ष बीतने लगा है।

जालरंध्र-मग अंगनु कौ कछु उजास सौ पाइ।
पीठि दिऐ जगत्यौ रह्यौ, डीठि झरोखैं लाइ।।

बिहारी कहते हैं—सखी नायिका से उसके हृदय में नायक के प्रति प्रेम को बढ़ावा देने के लिए कहती है—तेरे झरोखे की जाली के रास्ते से तेरे अंगों का कुछ उजाला-सा देखकर वह रात भर झरोखे पर दृष्टि लगाकर, बिछौने पर पीठ दिए जागता रह गया। अर्थात् तेरी झलक मात्र से वह तुझ पर ऐसा मोहित हो गया।

परतिय-दोषु पुरान लखि मुलकी सुखदानि।
कसु करि राखी मिश्र हू मुंह-आई मुसकानि।।

बिहारी कहते हैं—परस्त्री के गमन का दोष पुराण में सुनकर मिश्रजी को सुख देने वाली वह स्त्री उनकी ओर देखकर मुस्करा दी। उधर मिश्रजी ने भी अपने चेहरे पर आई हुई मुस्कुराहट को बलपूर्वक रोका।

सहित सनेह, संकोच सुख, स्वेद, कंप मुसकानि।
प्रान पानि करि आपनैं, पान धरे मो पानि।।

बिहारी कहते हैं—नायक अपने अंतरंग सखा से कहता है—उस स्त्री ने प्रेम, संकोच सुख, स्वेद तथा मुस्कुराहट के साथ मेरे प्राणों को अपने वश में करके मेरे हाथ पर पान रख दिया।

तूं रहि, हौं ही, सखि, लखौं; चढ़ि न अटा, बलि, बाल।
सबहिनु बिनु हीं ससि-उदै दीजतु अरघु अकाल।।

बिहारी कहते हैं—नायिका से सखी कहती है—हे सखी! तू यहीं रह, मैं ही चंद्रमा देख आती हूं। हे ललि! मैं बलिहारी जाती हूं, तू अटा पर मत चढ़ क्योंकि तेरा मुख चंद्रमा के समान है। तेरे अटा पर चढ़ने से चन्द्रोदय का भ्रम हो जाता है, जिससे चन्द्रमा के उदय बिना ही सब समय से पहले ही अर्घ्य दे देते हैं, जो ठीक नहीं है।

ललित स्याम, लीला, ललन, बढ़ी चिबुक छबि दून।
मधु-छाक्यौ मधुकरु पर्‌यौ मनौ गुलाब-प्रसून॥

बिहारी कहते हैं—सखी नायक से नायिका के सौंदर्य का वर्णन कर रही है—हे लाल! सुन्दर श्याम गोदने पर उसके उज्ज्वल, गुलाबी चिबुक के प्रभाव से दूनी शोभा बढ़ गई है। ऐसा लगता है मानो मकरंद से अघाया हुआ भ्रमर गुलाब के फूल पर पड़ा है।

भए बटाऊ नेहु तजि, बादि बकति बेकाज।
अब, अलि, देत उराहनौ अति उपजति उर लाज॥

बिहारी कहते हैं—नायिका नायक को सुनाकर सखी से कहती है—हे सखी, अब तो ये मेरे पास बहुत कम रहते हैं। तू तो इनसे व्यर्थ तथा अर्थहीन बात करती है। अब तो इनको उलाहना देते भी दिल में अत्यंत लज्जा महसूस होती है।

मानु करत बरजति न हौं, उलटि दिवावति सौंह।
करी रिसौंहीं जाहिंगी सहज हंसौंहीं भौंह॥

बिहारी कहते हैं—नायिका से सखी कहती है—मैं तुमको मान करने से मना नहीं करती, बल्कि शपथ दिलाती हूं कि तू अवश्य मान कर। पर क्या तुझसे अपनी ये सहज हंसोड़ भौंहें क्रोध से खिंची जाएगी।

गनती गनिबे तैं रहे, छत हूं अछत समान।
अलि, अब ए तिथि औम लौं पर रहौ तन प्रान॥

बिहारी कहते हैं—नायिका सखी से कहती है—हे सखी! प्रियतम के विरह में मेरे कमजोर प्राण गिने जाने से तो रहे और न रहने के ही समान

हैं। अब यदि इस पर भी ये प्राण शरीर में बेशरम बनकर रहें ही, तो निर्जीव की भांति भले ही पड़े रहें।

सबै हंसत करतार दै नागरता कैं नावं।
गयौ गरबु गुन कौ सरबु गएें गंवारैं गावं।।

बिहारी कहते हैं—उस नगरनिवासी पर गांव के सब लोग विद्वता के नाम पर ही तो ताली बजा-बजाकर हंसते हैं। देखो गंवारों के गांव में जाने से उस बेचारे का सब गुण-गर्व जाता रहा है।

जाति मरी बिछुरी घरी जल-सफरी की रीति।
खिन-खिन होति खरी-खरी, अरी, जरी यह प्रीति।।

बिहारी कहते हैं—नायिका सखी से कहती है—हे सखी! मेरी अथवा उसकी यह प्रीति कैसी है? यह तो पल-पल पर प्रभावशाली होती जा रही है और अब तो जल की मछली की भांति इक दूजे से घड़ी भर भी बिछड़ने पर तड़फड़ाने लगते हैं।

पिय-प्राननु की पाहरू, करति जतन अति आपु।
जाकी दुसह दसा पर्‌यौ सौतिनिहूं संतापु।।

बिहारी कहते हैं—एक सखी दूसरी सखी से कहती है—यह हमारी प्यारी सखी प्रियतम के प्राणों की रक्षक है, जिसकी मुश्किल से सहे जाने के योग्य दशा से स्वयं अत्यंत प्रयत्न करती हुई सौत पर भी कष्ट, दुःख आ पड़ा है।

अहे, कहै न कहा कह्यौ तोसौं नंदकिसोर।
बड़बोली, बलि, होति कत बड़े दृगनु कैं जोर।।

बिहारी कहते हैं—सखी नायिका को समझाने और मनाने के लिए कहती है—हे सखी! तू बोल न कि नन्दकिशोर ने तुझसे क्या कहा है, जो तू ऐसे कड़वे वचन कह रही है। बलि जाऊं, तू अपने बड़े नेत्रों के बल पर बड़बोली क्यों होती है। देख, बड़ा बोल बोलना अच्छा नहीं होता।

दियौ जु पिय लखि चखनु मैं खेलत फाग-खियालु।
बाढ़त हूं अति पीर सु न काढ़त बनतु गुलालु।।

बिहारी कहते हैं—प्रियतम ने होली का खेल खेलते हुए जो गुलाल उसको देखकर उसकी आंखों में डाल दिया, वह गुलाल नायिका दर्द बढ़ने पर भी आंखों से निकालना नहीं चाहती है।

बहकि बड़ाई आपनी कत रांचत मति-भूल।
बिनु मधु मधुकर कैं हियैं गड़ै न, गुड़हर, फूल॥

बिहारी कहते हैं—हे गुड़हल! बुद्धि के भ्रम में पड़कर अपनी बड़ाई से बहक कर क्यों प्रसन्न होता है। मधु के बिना भौंरे के हृदय में फूल अपना प्रभाव नहीं छोड़ता।

आड़े दै आले बसन जाड़े हूं की राति।
साहसु ककै सनेह-बस सखी सबै ढिग जाति॥

बिहारी कहते हैं—नायिका की सखी नायक से कह रही है—उसके शरीर को विरह-ताप ऐसा तपा रहा है कि जाड़े की रात में भी गीले कपड़ों को अपने बदन पर डालकर रखती है फिर भी साहस करके स्नेह के कारण सभी सखियां उसके पास जाती हैं।

सुरंगु महावरु सौति-पग निरखि रही अनखाइ।
पिय-अंगुरिनु लाली लखैं खरी उठी लगि लाइ॥

बिहारी कहते हैं—सौत के पांव में सुन्दर महावर देखकर नायिका भीतर-ही-भीतर ईर्ष्या कर रही थी कि सौत भी ऐसी सुघड़ है जो ऐसा महावर लगाती है। इतने ही में प्रियतम की अंगुलियों में लाली देखकर उसके हृदय में आग जल उठी कि सौत को महावर तो प्रियतम ने स्वयं लगाया है।

गोपनि संग निसि सरद की रमत रसिकु रस-रास।
लहाछेह अति गतिनु की सबनु लखे सब-पास॥

बिहारी कहते हैं—गोपियां आपस में कह रही हैं—उस शरद्-निशा में गोपियों के संग आनंदपूर्वक क्रीड़ा करते हुए उस रसिक को, अति शीघ्र नाच के कारण सबों ने सभी के पास देखा।

स्याम-सुरति करि राधिका, तकति तरनिया-तीरु।
अंसुवनु करति तरौंस को खिनकु खरौंहों नीरु॥

बिहारी कहते हैं—श्रीकृष्ण के मथुरा जाने पर राधिकाजी की मनोदशा का वर्णन एक सखी दूसरी सखी से करती है—राधिकाजी यमुना के तट को देखती हुई, श्याम को याद करके अपने आंसुओं से तट के निकट का पानी क्षण भर में खारा कर देती हैं।

गोपिन कैं अंसुवनु भरी सदा असोस, अपार।
डगर डगर नै ह्वै रही, बगर बगर कैं बार॥

बिहारी कहते हैं—हे श्रीकृष्ण, ब्रजमंडल के डगर-डगर में, घर-घर के द्वार पर गोपियों के आंसुओं से भरी हुई कभी न सूखने वाली अपार नदी बह रही है।

दुचितैं चित हलति न चलति, हंसति न झुकति, बिचारि।
लखत चित्र पिउ लखि, चितै रही चित्र लौं नारि॥

बिहारी कहते हैं—हे सखी! तू सोच तो सही कि इसमें क्या भेद है कि वह दुविधा में पड़े हुए चित्त से न हिलती है, न चलती है, न हंसती है, न खीझती है, बस प्रियतम को चित्र देख-देखकर वह नारी चित्र की तरह, स्थिर रूप से, बिना पलक गिराए ताक रही है।

तिय निय हिय जु लगी चलत पिय-नख-रेख-खरौंट।
सूखन देति न सरसई खोंटि खोंटि खत-खौंट॥

बिहारी कहते हैं—दो सखियां आपस में बात कर रही हैं—प्रियतम के नाखूनों की जो खरोंच उनके परदेश चलते समय हृदय पर लगी है, उसके ज़ख़्म को वह स्त्री यह समझकर कि यह ठेस प्रियतम के चलते समय का चिह्न है, खुजला-खुजला कर सूखने नहीं देती।

सघन कुंजू, पर घन घन-तिमिरु, अधिक अंधेरी राति।
तऊ न दुरिहै, स्याम, वह दीपसिखा सी जाति॥

बिहारी कहते हैं—कुंज सघन है, बादलों का अंधकार भी घना है तथा रात भी अंधेरी है। बादलों के कारण अधिक अंधेरा है। फिर भी, हे श्याम! वह दीपक की लौ-सी नायिका जाती हुई छिपेगी नहीं।

सीस-मुकुट, कटि-काछनी, कर मुरली, उर-माल।
इहिं बानक मो मन सदा बसौ, बिहारी लाल॥

बिहारी कहते हैं–बनवारी, मेरे हृदय में तुम सदा ऐसे बानक से बसो, जिसमें सिर पर मोर-मुकुट, कमर में काछनी, हाथ में मुरली एवं हृदय पर माला हो।

भृकुटी-मटकनि, पीटपट-चटक, लटकती चाल।
चलचख-चितवनि चोरि चितुलियौ बिहारी लाल॥

बिहारी कहते हैं–नायिका श्याम के रूप का वर्णन करती हुई सखी से कह रही है–भृकुटी की मटक, पीत वस्त्र की चटक, लटकती हुई चाल एवं चंचल नयनों की चितवन से उस बिहारी लाल ने मेरा मन चुरा लिया है।

संगति-दोषु लगै सबनु, कहे ति सांचे बैन।
कुटिल-बंक-भ्रुव-संग भए कुटिल, बंक-गति नैन॥

बिहारी कहते हैं–संगति का दोष सबको लगता है, ये वचन जो बड़ों ने कहे हैं, वे सच्चे वचन हैं। देखो, कुटिल तथा छलपूर्ण भृकुटी के कारण नयन भी कुटिल तथा टेढ़ी चाल वाले हो गये हैं।

चितवनि भोरे भाइ की, गोरैं मुंह मुसकानि।
लागति लटकि अली-गरैं, चित खटकति नित आनि॥

बिहारी कहते हैं–नायक अपने सखा से नायिका के बारे में कहता है–भोली चितवन से तथा गोरे मुख पर मुस्कान सहित सखी के गले से झुककर लगती हुई वह मेरे मन में अक्सर ही आकर खटकती है।

क्यौं हूं सहबात ने लगै, थाके भेद-उपाइ।
हठ-दृढ़गढ़-गढ़वै सु चलि लीजै सुरंग लगाइ॥

बिहारी कहते हैं–सखी नायक से कह रही है–सुलह की बातचीत उस पर प्रभाव नहीं डाल पाई और मिलन के सब उपाय बेकार हो गए। अब आप स्वयं चलकर और सुरंग लगाकर उस हठ-रूपी दृढ़ गढ़ की स्वामिनी को अपने वश में कीजिए।

तो ही को छुटि मानु गौ देखत हीं ब्रजराज।
रही घरिक लौं मान सी मान करे की लाज।।

बिहारी कहते हैं–सखी नायिका से कहती है–तेरे हृदय का मान तो कृष्ण को देखते ही धुल गया। अब तो मान करने की लज्जा, मान के स्थान पर, पल भर के लिए ठहरी हुई है।

न ए विससियहि लखि नए दुरजन दुसहु-सुभाइ।
आंटैं परि प्राननु हरत कांटैं लौं लगि पाइ।।

बिहारी कहते हैं–ये दुष्ट स्वभाव वाले दुर्जन नम्र हुए देखकर विश्वास करने के पात्र नहीं। ये मौका देखकर पैरों में लगकर कांटे की भांति प्राणों को हर लेते हैं।

सखि सोहति गोपाल कैं उर गुंजनु की माल।
बाहिर लसति मनो पिए दावानल की ज्वाल।।

बिहारी कहते हैं–हे सखी! गोपाल के हृदय पर गुंजों की माला ऐसी दिखती है, मानो उनके द्वारा ब्रजलीला में पी गई दावाग्नि की ज्वाला बाहर निकलकर लपलपा रही है।

हंसि, हंसाइ, उर लाइ उठि, कहि न रूखौं हैं बैन।
जकित थकित ह्वै तकि रहे तकत तिलौंछै नैन।।

बिहारी कहते हैं–खंडिता नायिका से सखी कहती है–नायक तेरे तिलौंछे नयन देखकर अचंभित है और थका हुआ-सा देख रहा है। अब तू क्षमा करके तीखे वचन मत कह, बल्कि स्वयं हंस तथा उसको भी हंसा और कलेजे से लगा ले।

गढ-रचना, बरुनी, अलक, चितवनि, भौंह, कमान।
आघु बंकाईहीं चढ़ै, तरुनि, तुरंगम, तान।।

बिहारी कहते हैं–नायिका नायक पर मुग्ध है। सखी कहती है–गढ़ की रचना, बरुनी, बाल, चितवन, भौंह तथा धनुष का मोल, बंकाई ही से चढ़ता है, उसी प्रकार युवती, घोड़ा और गाने में स्वरों के चढ़ाव-उतार का भी।

पहिरि न भूषन कनक के, कहि आवत इहिं हेत।
दरपन के से मोरचे, देह दिखाई देत॥

बिहारी कहते हैं–सखी नायिका से कह रही है–तू सोने के आभूषण मत पहन, यह बात इसलिए कहने में आता है कि तेरे शरीर में सोने के गहने दर्पण के मोरचे यानी फीके से दिखाई देते हैं।

जदपि चवाइनु चीकनी चहुं दिसि सैन।
तऊ न छाड़त दुहुन के हंसी रसीले नैन॥

बिहारी कहते हैं–एक सखी दूसरी सखी से कह रही है–उन दोनों के प्रेम की परस्पर बातें चारों ओर चलती हैं, फिर भी दोनों के रसीले नयन सामना होने पर हंस देने का स्वभाव नहीं छोड़ते हैं।

अनरस हूं रसु पाइयतु, रसिक, रसीली-पास।
जैसे सांठे की कठिन गांठ्यौ भरी मिठास॥

बिहारी कहते हैं–नायिका की सखी नायक को समझाकर फिर नायिका के यहां लाना चाहती है–हे लाल, रसीली के पास रसहीन स्थान में भी आनन्द या स्वाद पाया जाता है, जिस प्रकार गन्ने की कड़ी गांठ भी मिठास से भरी होती है।

गोरी छिगुनी, नखु अरुन, छला स्यानु छबि देह।
लहत मुकति रति पलकु यह नैन त्रिबेनी सेइ॥

बिहारी कहते हैं–नायक नायिका की सखी से कह रहा है–उसकी गोरी अंगुली, गुलाबी आभायुक्त नख एवं नीलम का श्याम छल्ला–ये तीनों मिलकर कितने सुंदर लगते हैं! इनको क्षण मात्र देखकर नयन प्रेम में ऐसे निमग्न हो जाते हैं कि संसार से छुटकारा पा जाते हैं।

उर मानिक की उरबसी डटत घटतु दृग-दागु।
छलकतु बाहिर भरि मनौ तिय-हियकौं -अनुरागु॥

बिहारी कहते हैं–क्रोधित नायिका नायक से कहती है–तुम्हारे हृदय पर मानिक की उरबसी पर जिसको मैं पहचानती हूं, ठहरते हुए मेरे नेत्रों

का 'दागु' यानी दाह जो अब तक तुम्हें न देखने के कारण हो रहा था, घटता है। यह ऐसी शोभा देती है मानो उस स्त्री-संबंधी तुम्हारे हृदय का अनुराग भरकर बाहर छलक रहा है।

सहज सेत पंचतोरिया पहिरत अति छबि होति।
जलचादर के दीप लौं जगमगाति तन-जोति॥

बिहारी कहते हैं—सखी नायक से नायिका के सौंदर्य का वर्णन कर रही है—साधारण श्वेत पंचतोलिया साड़ी पहनने से भी नायिका की शोभा बढ़ जाती है। जलचादर के पीछे रखे हुए दीपकों की भांति उसके तन की ज्योति जगमगाती है।

कोरि जतन कोऊ करौ, परै न प्रकतिहिं बीचु।
नल-बल जलु ऊंचै चढैं, अंत नीच कौ नीचु॥

बिहारी कहते हैं—कोई करोड़ों उपाय किया करे, पर प्रकृति में अंतर नहीं पड़ता। देखो नल के बल से फुहारे का जल ऊंचाई पर चढ़ता है, फिर भी नीच का नीच ही होता है, अर्थात् फिर नीचे ही गिरता है।

लगत सुभग सीतल किरन, निसि-सुख दिन अवगाहि।
माह ससी-भ्रम सूर-त्यौं रहति चकोरी चाहि॥

बिहारी माघ महीने के सूर्य का वर्णन करते हैं—सुभग तथा शीतल किरणों के लगने से, दिन को रात्रि के सुख में मग्न होकर, माघ मास में, चकोरी चंद्रमा के भ्रम से सूर्य की ओर देखा करती है।

तपन-तेज तपु-ताप, अतुल तुलाई मांह।
सिसिर-सीतु कोई हुं न कटै बिनु लपटैं तिय नांह॥

बिहारी कहते हैं—नायिका से सखी कहती है कि शीत ऋतु की सर्दी बिना स्त्री-पुरुष के आपस में लिपटे किसी प्रकार नहीं कटती, ऐसे मौसम में प्रियतम से नाराज़ होना उचित नहीं है।

आग की गर्मी अथवा बहुत भारी रजाई में दुबकने से भी सर्दी किसी प्रकार नहीं कटती।

ज्यौं-ज्यौं पटु झटकति, हठति, हंसति, नचावति नैन।
त्यौं-त्यौं निपट उदारहुं फगुवा देत बनै।।

बिहारी कहते हैं—ज्यों-ज्यों वह नर्तकी नायक का वस्त्र झटकती (फगुवा लेने के लिए), हठ करती, हंसती और नयन नचाती है, त्यों-त्यों परम उदार नायक के भी उसके हाव-भाव पर लुब्ध होने के कारण फगुवा देते नहीं बनता।

ज्यौं-ज्यौं पावक-लपट सी तिय हिय सौं लपटाति।
त्यौं-त्यौं छुही गुलाव सैं छतियां अति सियराति।।

बिहारी कहते हैं—ज्यों-ज्यों अग्नि-ज्वाला की सी शोभा वाली स्त्री नायक के हृदय से लिपटती है, त्यों-त्यों गुलाबजल से सींची हुई-सी होकर छाती अति शीतल हो जाती है।

तिय, कित कमनैती पढ़ी, बिनु जिहि भौंह-कमान।
चलचित-बेझैं चुकति नहिं बंकबिलोकनि-बान।।

बिहारी कहते हैं—नायक नायिका की तिरछी चितवन से घायल हो गया है, अतः अवसर पाकर उससे कहता है—हे सुंदरी! तूने यह विलक्षण धनुर्विद्या कहां से पढ़ी है। भौंह की कमान तथा तिरछी चितवन के बाण से चंचल मन के लक्ष्य पर तू निशाना लगाने में चूकती नहीं।

दुसह दराज प्रजानु कौं क्यों न बढ़ै दुख-दंदु।
अधिक अंधेरी जग करत मिलि मावस रबि-चंदु।।

बिहारी कहते हैं—'दुराज' में प्रजा को अधिक कष्ट होता है—दुःसह द्विराज्य में प्रजाओं का दुःख क्यों न बढ़े। देखो अमावस को सूर्य तथा चन्द्रमा मिलकर जगत् में अधिक अंधेरा करते हैं।

ललन-चलनु सुनि पलनु मैं अंसुवा झलके आइ।
भई लखाई न सखिनु हूं झूठे हीं जमुहाइ।।

बिहारी कहते हैं—नायक का विदेश-गमन सुनकर नायिका की पलकों में आंसू झलक आए पर उसने झूठे ही, बिना जम्हाई आए ही जम्हाई लेकर नाटक किया कि सखियां भी ताड़ न पाईं।

कंचनतन-धन-बरन बर रह्यौ रंगु मिलि रंग।
जानी जाति सुबास हीं केसरि लाई अंग।।

बिहारी कहते हैं–सखी नायक से नायिका के शारीरिक सौंदर्य का वर्णन करती है–उस सोने से तन वाली नायिका के श्रेष्ठ वर्ण में रंग से रंग मिल रहा है, जिससे उसके अंग में लगाई गई केसर उसकी अपनी ही सुगंध लगती है। उसका शरीर ऐसा सुनहला तथा सुगंधित है कि उसमें लगाई गई केसर न तो रंग से लक्षित होती है और न गंध से।

खरैं अदब, इठलाहटी, उर अपजाति त्रासु।
छुसह संक बिस कौ करै जैसैं सोंठि-मिठासु।।

बिहारी कहते हैं–नायक नायिका से कहता है–हे खुद पर गर्व करने वाली! आज तू अपने आदर के बर्ताव से मेरे हृदय में मान का डर पैदा करती है, जैसे सोंठ की मिठास विष की अति कठिन शंका मन में उत्पन्न करती है।

नहिं नचाइ चितवति दश्गनु, नहिं बोलति मुसकाइ।
ज्यौं-ज्यौं रूखी रुख करति, त्यौं-त्यौं चितु चिकनाइ।।

बिहारी कहते हैं–चालाक नायक नायिका को प्रसन्न करने के लिए मीठी बातें बनाता है–हे प्यारी! तू आज न तो आंखों को नचाकर देखती है और न मुस्कराकर बोलती है। तेरी यह चेष्टा मुझे इतनी सुहावनी लगती है कि ज्यों-ज्यों तू क्रोधित व उदासीन होती है, त्यों-त्यों मेरा मन स्निग्ध होता है।

वैसीयै जानी परति झगा ऊजरे मांह।
मृगनैनी लपटत जु यह बेनी उपटी बांह।।

बिहारी कहते हैं–कुपित नायिका नायक से नाराजगी जताती हुई कहती है–हे लाल! उस मृगनयनी से लिपटते समय उसकी चोटी तुम्हारी बांह में उभर आई है, वह श्वेत वस्त्र में वैसा ही जान पड़ती है। (अर्थात् तुम किसी स्त्री को अभी-अभी आलिंगन करके आ रहे हो, अभी इतना समय भी नहीं बीता है कि उसकी चोटी की छाप मिट जाती।

निपट लजीली नवल तिय बहकि बारुनी सेइ।
त्यौं-त्यौं मीठि लगति, ज्यौं-ज्यौं ढोठ्यौ देइ॥

बिहारी कहते हैं—नायक से सखी कहती है—देखिए, रसीले कुसुम पर भौंरा मंडराता है, पर झुककर उससे एकाएक लिपट नहीं जाता, उस पुष्प की कोमलता को देखता हुआ उसे स्पर्श कर अपने मन में इस बात का विश्वास नहीं करता कि यह मेरे भार को सहन कर सकेगा।

निरदय, नेहु नयौ निरखि भयौ जगतु भयभीतु।
यह न कहुं अब लौं सुनी, मरि मारियै जु मीतु॥

बिहारी कहते हैं—नायिका का मान छुड़ाने के लिए सखी कहती है-हे निष्ठुर! यह नया स्नेह देखकर सखियां भयभीत हो रही हैं। यह बात अब तक कहीं नहीं सुनी गई है कि स्वयं मर कर मित्र को मारा जाये।

भजन कह्यौ, तातैं भज्यौं; भज्यौं न एकौ बार।
दूरि भजन जातैं कह्यौ, सो तैं भज्यौ, गंवार॥

बिहारी कहते हैं—अरे मूर्ख! वेद-शास्त्रों ने जिसको भजने को कहा, उससे तो तू भागा और उसको तूने एक बार भी याद नहीं किया, पर जिससे जिस विषयभोग से दूर भागने को कहा, उसको तूने भजा फिर भला तेरा उद्धार कैसे संभव है।

नैन लगे तिहिं लगनि जु, न छुटैं-छुटैं हु प्रान।
काम न आवत एक हू तेरे सैक सयान॥

बिहारी कहते हैं—नायिका सखी से कह रही है—मेरे नयन जो उसकी लगन से लगे हैं, वे अब प्राण छूटने पर भी नहीं छूट सकते। सैकड़ों चतुराई भरी तेरी शिक्षाएं कोई काम न आने वाली।

उड़ति गुड़ी लखि ललन की अंगना अंगना मांह।
बौरी लौं दौरी फिरति छुबति छबीली छांह॥

बिहारी कहते हैं—दो सखियां आपस में बात कर रही हैं—देखो, लाल यानी प्रियतम की गुड्डी उड़ती देखकर यह नवयौवना उसकी

मोहक परछाईं हुई अपने आंगन में बावली-सी दौड़ा करती है और उसकी परछाई को छूकर ही तृप्त हो रही है।

उंचे चितै सराहियतु गिरह कबुतरु लेतु।
झलकति दृग मुलकित बदनु, तनु पुलकित किहिं हेतु॥

बिहारी कहते हैं—चतुर सखी नायिका का अनुराग लक्षित करते हुए कहती है—ऊपर की ओर देखकर सराहा तो कलाबाजी करता हुआ कबूतर जा रहा है, पर तू यह तो बतला कि तेरे नेत्र झलकित तथा तन पुलकित किस लिए हैं अर्थात् तेरी चेष्टाओं से तो वास्तव में तेरा अटारी पर खड़े हुए नायक को देखना उसके प्रति प्रेम लक्षित करता है, तू मुझसे अपने प्रेम को बेकार में ही क्यों छिपाती है।

लागत कुटिल कटाच्छ-सर क्यौं न होहिं बेहाल।
कढ़त जि हिजहिं दुसाल करि, तऊ नटसाल॥

बिहारी कहते हैं—सखी नायिका से, उसके नेत्रों की प्रशंसा करती हुई, नायक की दशा का वर्णन करती है—तेरे इन तिरछे कटाक्षरूपी बाणों के लगते ही नायक क्यों न बेहाल हों, जो ऐसे विलक्षण हैं कि हृदय को टुकड़े करके जाते हैं, तो भी उसको पीड़ा पहुंचाकर उद्विग्न करने वाले निशान रह जाते हैं।

गहै न नेकौ गुन-गरबु, हंसौ सबै संसारु।
कुच-उचपद-लालच रहै गरैं परैं हू हारु॥

बिहारी कहते हैं—यह हार जो गले पड़ने पर भी रहता है, बस स्तन-रूपी उच्च पद के लालच से। इसी लोभ में जरा भी अपने गुण का गर्व नहीं करता। इस पर सारा संसार हंसता है तो हंसे।

छला परोसिनि हाथ तैं, छलु करि, लियौ, पिछानि।
पियंहिं दिखायौ लखि बिलखि, रिस-सूचक मुसकानि॥

बिहारी कहते हैं—अपने प्रियतम की अंगूठी को पहचान कर नायिका ने उसे कोई बहाना करके पड़ोसिन के हाथ से लिया और नाराज़

होकर खीझने वाली मुस्कुराहट के साथ उसे देखकर प्रियतम को दिखाया यानी प्रियतम का ध्यान उस ओर आकर्षित किया।

हठि, हितु करि प्रीतम-लियौ, कियौ जु सौति सिंगारु।
अपनैं कर मोतिनु गुह्यौ, भयौ हरा हर-हारु॥

बिहारी कहते हैं—जिद करके तथा प्रेम करके प्रियतम से लिया हुआ हार, जिससे सौत ने अपना श्रृंगार किया, वही अपने हाथ से मोतियों से गूंथा हुआ हार नायिका के लिए सर्प हो गया अर्थात् अत्यंत भयानक लगने लगा। माला नायिका ने प्रियतम के लिए गूंथी थी और पहन ली सौत ने।

वै ठाढ़े उमदाहु उत, जल न बुझै बड़वागि।
जाही सौं लाग्यौ हियौ, ताही कैं हिय लागि॥

बिहारी कहते हैं—सखी नायिका से कह रही है—वह तेरा प्रियतम तो वहां खड़ा है और तू मुझसे हास-परिहास कर रही है, यह व्यर्थ है। उसी ओर उमंग से झुक, जिससे तेरा मन लगा है, उसी के हृदय से लग। देख, जल से अग्नि नहीं बुझती।

कहने का भाव कि मुझसे लिपटने से तेरी कामाग्नि नहीं बुझ सकती। वह तो मुझसे अलग होकर, उसी से शांत हो सकती है, जिस पर तेरा दिल आया है।

छिनकु चलति, ठठुकति छिनकु, भुज प्रीतम-गल डारि।
चढ़ी अटा देखति घटा बिज्जु-छटा सी नारि॥

बिहारी कहते हैं—एक सखी दूसरी सखी से कह रही है—देखो, वह बिजली की छटा-सी स्त्री छत पर चढ़ी हुई कैसे आनंद से बादलों को देख रही है। प्रियतम के गले में बांह डालकर क्षण भर कभी तो चलती है और क्षण भर कभी ठिठक जाती है।

धनि यह द्वैज; जहां लख्यौ, तज्यौ दृगनु दुख-दंदु।
तुम भागनु पूरब उयौ अहो! अपूरबु चंदु॥

बिहारी कहते हैं—सखी नायक को छत पर देखकर नीचे आकर नायिका से कहती है—आज की शुक्ल पक्ष की द्वितीया धन्य है क्योंकि

आज तुम्हारे भाग्य से पूर्व में चन्द्रमा उदय हुआ है। तुरंत छत पर चढ़कर देख। जैसे ही तू उसे देखेगी, तेरे नेत्रों से सब दुःख का ताप दूर हो जाएगा।

लरिका लैबे कैं मिसनु लंगरु मो ढिग आइ।
गयौ अचानक आंगुरी छाती छैलु छुवाइ॥

बिहारी कहते हैं—नायिका अपनी सखी को बताती है—मेरी गोद से लड़का लेने के बहाने से वह बांका लाल मेरे पास आकर अचानक मेरी छाती में धीरे से अंगुली छुआ गया।

ढीठ यौ दै बोलति, हंसति पोढ़-बिलास अपोढ़।
त्यौं त्यौं चलत न पिय-नयन छकए छकी नबोढ़॥

बिहारी कहते हैं—एक सखी दूसरी सखी से कह रही है—देखो, ज्यों-ज्यों प्रौढ़ा जैसा विलास करने वाली यह कमसिन नायिका ढिठाई करके हंसती-बोलती है, त्यों-त्यों इस मद-भरी नवोढ़ा के द्वारा छकाए गए प्रियतम के नयन इस पर से हटते नहीं हैं।

रनित भृंग-घंटावली, झरति दान मधु-नीरु।
मंद-मंद आवतु चल्यौ कुंजरु समीरु॥

बिहारी बसंत ऋतु का वर्णन करते हुए कहते हैं—गूंजते हुए भ्रमरों की घंटावली वाला एवं मकरंद रूपी झरते हुए मदवाला कुंज-समीर रूपी कुंजर मंद-मंद चला आ रहा है।

रही रुकी क्यों हूं सु चलि, आधिक रति पधारि।
हरति तापु सब द्यौस कौ उर लगि यारि बयारि॥

बिहारी गर्मी के दिनों में कभी-कभार चलने वाली ठंडी हवा का वर्णन करते हैं—दिन भर तथा आधी रात तक जो हवा रुकी रही, वह वायु किसी प्रकार चलकर, आधी रात को आकर और हृदय से लगकर, पूरे दिन का ताप समाप्त कर गयी।

चुवतु स्वेद मकरंद-कन, तरु-तर बिरमाइ।
आवतु दच्छिन देस तैं थक्यौ बटोही बाइ॥

बिहारी कहते हैं–मकरंद-कण के समान पसीने की बूंदें टपकाता हुआ, वृक्ष के नीचे आराम करके थका-हारा वायु-रूपी बटोही यानी राही दक्षिण देश से आ रहा है।

पतवारी माला पकरि, और न कछू उपाउ।
तरि संसार-पयोधि कौं, हरि-नावैं करि नाउ॥

बिहारी कहते हैं–माला रूपी पतवार को थामकर और हरि नाम रूपी नाव बनाकर इस भवसागर के पार जाने का इसके सिवा अन्य कोई उपाय नहीं है।

लपटी पुहुप-पराग-पट, सनी स्वेद मकरन्द।
आवति, नारि नबोढ़ लौं, सुखद बायु गति मन्द॥

बिहारी कहते हैं–पुष्प-पराग रूपी वस्त्र में लिपटी हुई एवं पसीने रूपी मकरन्द में सनी हुई सुखद हवा मन्द-मन्द गति से, दुल्हन की भांति आ रही है।

ललन सलोने अरु रहे अति सनेह सौं पागि।
तनक कचाई देत दुख सूरन लौं मुंह लागि॥

बिहारी कहते हैं–नायिका नायक से कहती है–हे लाल! आप सलोने हैं और स्नेह से भली-भांति परिपक्व हैं, जरा-सी नासमझी के कारण मुंह लगकर यानी झूठी बातें कहकर सूरन की भांति दुःख देते हैं।

न करु, न डरु, सबु जगु कहतु, कत बिनु काज लजात।
सौहैं, कीजै नैन, जौ सांची सौहें खात॥

बिहारी कहते हैं–नायिका नायक से कहती है–संसार कहता है कि 'न गलत कर, न किसी से डर' आप गलत नहीं हैं, तो बिना कारण क्यों लज्जित होते हैं। यदि आप अपने निर्दोष होने की सच्ची शपथ खाते हैं तो अपने नयन सामने कीजिए।

रहिहैं चंचल प्रान ए, कहि, कौन की अगोट।
ललन चलन की चित धरी, कल न पलनु की ओट॥

बिहारी कहते हैं–नायिका अपने मन की व्यथा सखी से कह रही है–हे सखी! तू ही बतला, ये मेरे चंचल प्राण किसकी चाह में शरीर में रहेंगे। प्रियतम ने तो विदेश जाने की बात मन में ठान ली है और यहां उनके पलकों की ओट में होने पर ही चैन नहीं पड़ता।

कोरि जतन कीजै, तऊ नागर-नेहु दुरै न।
कहैं देत चितु चीकनौ नई रुखाई नैन॥

बिहारी कहते हैं–नायिका से सखी कहती है–हे सखी! करोड़ों यत्न क्यों न किए जायें, पर उस नन्दकिशोर कृष्ण का स्नेह ऐसा विलक्षण है कि छिप नहीं सकता। तेरे नयन आज नए भाव धारण करने के कारण तेरा स्निग्ध चित्त बता रहे हैं।

लाल; तुम्हारे रूप की, कह्यौ, रीति यह कौन।
जासौं लागत पलकु दृग लागत पलक पलौ न॥

बिहारी कहते हैं–सखी नायक से नायिका की विरह दशा का वर्णन कर रही है–हे लाल! भला कहो तो भला, तुम्हारे रूप में यह कैसा जादू है कि पल भर नेत्र लगते ही फिर नेत्र नहीं लगते अर्थात् पलकें खुली ही रहती हैं।

कालबूत दूती बिना जुरै न और उपाइ।
फिरि ताकैं टारैं बनै पाकैं प्रेम-लदाइ॥

बिहारी कहते हैं–दूती नायिका को उलाहना देती है–दूती यानी मध्यस्थता के बिना और किसी तरकीब से प्रेम एक-दूजे से नहीं होता। फिर उस प्रेम रूपी बंधन के पक्के हो जाने पर उस दूती से किनारा क्यों कर लिया?

रह्यौ ऐंचि, अंतु न लहै अवधि-दुसानु बीरु।
आली, बाढ़तु बिरहु ज्यौं पंचाली कौ चीरु॥

बिहारी कहते हैं–नायक परदेश गया है। विरहिणी नायिका कहती है–हे सखि! मेरी विरह-व्यथा द्रौपदी के चीर के समान बढ़ती ही जा रही है। समय रूपी वीर दुःशासन उसे खींच रहा है, पर उसका अंत नहीं पाता।

पावक-झर तैं मेह-झर दाहक दुसह बिसेखि।
दहै देह वाकै परस याहि दृगनु हीं देखि॥

बिहारी कहते हैं—विरह-व्यथा से आकुल नायिका कहती है—हे सखी! पावक की झड़ी से कहीं अधिक मेघ की झड़ी को तू जलाने वाली समझ, क्योंकि पावक की झड़ी के स्पर्श से देह जलती है, पर मेघ की झड़ी को आंखों ही से देखकर सारा बदन जलता है।

चलित ललित, श्रम-स्वेदकन-कलित, अरुन मुख तैंन।
बन-बिहार थाकीतरुनि-खरे थकाए नैन॥

बिहारी कहते हैं—एक सखी दूसरी सखी से कह रही है—वन-विहार से थकी हुई नायिका की शोभा देख-देखकर थके हुए नायक के नेत्र परिश्रम से निकले हुए पसीने की बूंदों से सुसज्जित तथा लाल मुख से इधर-उधर देख ही नहीं पा रहे हैं।

कुढंगु कोपु तजि रंग-रतनी करतिं जुवति जग, जोइ।
पावस गूढ़ न बा यह, बूढ़नु हूं रंगु होइ॥

बिहारी कहते हैं—नायिका का मान छुड़ाने के लिए सखी कहती है—यह सबको पता है कि बारिश के मौसम में बूढ़ों में भी अनुराग उत्पन्न होता है, फिर युवतियों की तो बात ही क्या। देख, मन्दबुद्धि मान को छोड़कर जग में युवतियां कैसे रंगरेली कर रही हैं, तेरा भी प्रियतम से नेह बढ़ाना उचित है।

न जक धरत हरि हिय धरैं, नाजुक कमला बाल।
भजत, भार भय-भीत है, घनु, चन्दनु बनमाल॥

बिहारी कहते हैं—सखी नायिका से नायक का विरह-निवेदन बड़ी चतुरता से कहती है—हे कमल-सी नाजुक बाला! प्रियतम तुमको हृदय में धरने के कारण तुझ पर भार पड़ने के भय से शंकित होकर घन, चन्दन तथा वनमाला धारण करके चैन नहीं पाते।

नासा मोरि, नचाइ जे करी कका की सौंह।
कांटे सी कसकैं ति हिय गड़ी कंटीली भौंह॥

बिहारी कहते हैं–नायक अपने सखा से कहता है–उसने मेरे छेड़ने पर नाक को मोड़कर और भौंहों को नचाकर काका की शपथ ली कि तुम्हारी यह ढिठाई मुझे अच्छी नहीं लगती, वे कंटीली भौंहें मेरे हृदय में गड़े हुए कांटे-सी कसकती हैं।

क्यौं बसियै, क्यौं निबहियै, नीति नेह-पुर नांहि।
लगालगी लोइन करैं, नाहक मन बांधि जाहि॥

बिहारी कहते हैं–नायक अपने सखा से कहता है–नेह यानी प्रेम में नीति यानी न्याय व्यवस्था नहीं है। कैसे प्रेम किया जाये तथा कैसे निबाहा जाये। नाहक में बंध मन जाते हैं।

ललन-चलनु सुनि चुपु रही, बोली आपु न ईंठि।
राख्यौ गहि गाढ़ैं गरैं, मनौ गलगली डीठि॥

बिहारी कहते हैं–प्रियतम का परदेश जाना–उनके मुख से सुनकर वह आश्चर्यचकित नायिका चुप रह गई और कोई भी विरह-दुःख जनक वचन प्रेमपूर्वक न बोली, मानो उसके गले को प्रियतम की डबडबाई हुई दृष्टि ने भली-भांति पकड़ रखा हो।

अपनी गरजनु बोलियतु, कहा निहोरौ तोहिं।
तू प्यारौ मो जीय कौं, मो ज्यौ प्यारौ मोहिं।

बिहारी कहते हैं–नायिका नायक से कहती है–अपने स्वार्थवश तुझसे मुझे बोलना पड़ता है। मैं तेरी सेवा भावना से प्रसन्न होकर नहीं बोलती हूं कि इसका एहसान तुझ पर हो। मैं तो केवल अपने प्राणों की रक्षा के लिए तुझसे बोलती हूं, क्योंकि तू तो मेरे प्राणों से भी प्यारा है और मेरा प्राण मुझे प्यारा है।

रह्यौ चकितु चहुंधा चितै चितु मेरौ मति भूलि।
सूर उयैं आए, रही दृगनु सांझ सी फूलि॥

बिहारी कहते हैं–नायिका नायक से कठोर स्वर में बोल रही है–तुम मेरे यहां आए तो हो, पर तुम्हारी आंखों में सांझ-सी फूलि यानी लाली छा रही है, जिससे लगता है कि तुम रात भर किसी अन्य स्त्री

के साथ जागे हो। इसलिए मैं भ्रमित मन से चारों ओर देख रही हूं कि वास्तव में इस समय सूर्य उग रहा है अथवा डूब रहा है।

अति अगाधु, अति औथरौ नदी, कूपु, सरूए बाइ।
सो ताकौ सागरु, जहाँ जाकी प्यास बुझाइ॥

बिहारी कहते हैं—नदी, कूप, सर, सरोवर कुछ भी हो, अति गहरा हो अथवा अति छिछला; जिसकी प्यास जहां बुझे, वही उसके लिए सागर है।

कपट सतर भौहें करीं, मुख अनखौहैं बैन।
सहज हसौं हैं जानि कै सौहैं करति न नैन॥

बिहारी कहते हैं—एक सखी दूसरी सखी से कह रही है—कपट से अपनी भौंहें तो इसने सिकोड़ ली हैं और मुख में कठोर वचन रखे हैं। पर अपने नयनों को स्वभाव ही से हंसोड़ जानकर नायक के सामने नहीं करती कि कहीं यह झूठे मान का भेद खुल न जाए।

मानहु बिधि तन-अच्छछबि स्वच्छ राखिबैं काज।
दृग-पग-पोंछन कौं करे भूषन पायंदाज॥

बिहारी कहते हैं—नायिका के सौंदर्य की प्रशंसा सखी नायक से करती है—उसके शरीर की शोभा ऐसी उज्जवल है कि उसके आगे स्वर्ण के आभूषण ऐसे फीके पड़ते हैं, जैसे स्वच्छ बिछौने के आगे पायदान। मानो विधाता ने उसके तन की उज्जवल छवि को स्वच्छ रखने के लिए आंखों के पांवों को पोंछने के लिए आभूषण पायदान यानी पांव-पुछने बनाये हैं।

बिरह-बिथा-जल-परस-बिन बसियतु मो-मन-ताल।
कछु जानत जल-थंभ-बिधि दुर्जोधन लौं, लाल॥

बिहारी कहते हैं—नायिका ने नायक को पत्र में यह दोहा लिखा है-हे लाल! लगता है कि तुम दुर्योधन की तरह जल समाधि की विधि जानते हो, विरह-पीड़ा रूपी जल के स्पर्श के बिना तुम मेरे मनरूपी ताल में रहते हो। तुम मेरे मन में हो, जो विरह-पीड़ा से भरा है, पर तुमको वह पीड़ा छू भी नहीं पाती।

रुख रूखी मिस-रोष, मुख कहति रुखौं हैं बैन।
रूखे कैसैं होत ए नेह चीकने नैना।।

बिहारी कहते हैं—नायिका सखी के सामने अपना प्रेम छुपा नहीं पाती है, तो सखी नायिका से कहती है—बनावटी रोष से तेरी कोशिश रोषपूर्ण हो रही है; ये प्रेम से चिकनाए हुए नयन भला कैसे रूखे हैं। अर्थात् स्नेहसिक्त नयनों से तेरा प्रेम प्रकट होता है।

पति-रितु-औगुन-गुन बढ़तु मागु, माह कौ सीतु।
जातु कठिन ह्वै अति मृदौ रवनी मनु, नवनीतु।।

बिहारी कहते हैं—पति तथा ऋतु के अवगुण तथा गुण से मान तथा माघ महीने का शीत बढ़ता है और उससे युवती का मन तथा मक्खन अति मुलायम होने पर भी कठोर हो जाता है।

अरुन-बरन तरुनी-चरन अंगुरी अति सुकुमार।
चुवत सुरंग रंगु सी मनौ चपि बिछियनु कैं भार।।

बिहारी कहते हैं—सखी नायक से नायिका के बारे में कहती है—उसके चरणों की लाल अंगुलियां अति सुकुमार हैं। सुकुमारता के कारण ही बिछुओं के भार से दबकर टपकते हुए आलता के रंग की बूंद-सी हो रही हैं।

मोर-मुकट की चंद्रिकनु यौं राजत नंदनंद।
मनु ससिसेखर की अकस किय सेखर सत चंद।।

बिहारी कहते हैं—मोरमुकुट की चंद्रिकाओं से श्रीकृष्ण ऐसे सुशोभित हैं, मानो सौ चन्द्रमा का प्रकाश उनके माथे पर शोभित हो रहा हो।

प्रीतम-दृग-मिहचत प्रिया पानि-परस-सुखु पाइ।
जानि पिछानि अजान लौं नैंकु न होति जनाइ।।

बिहारी कहते हैं—प्रियतम द्वारा नेत्र पर हाथ रखे जाने पर प्यारी नायिका ने हाथ का स्पर्श पाकर, जान-पहचान कर भी अनजान बनने

का नाटक कुछ इस तरह से किया कि नायक को इसकी ख़बर तक भी न लगी।

देखौं जागत वैसियै साकर लगी कपाट।
कित ह्वै आवतु, जातु भजि, को जानै, किहिं बाट॥

बिहारी कहते हैं—अपनी सखी से नायिका कहती है—नींद से जागने के बाद तो मैं किवाड़ वैसी ही जैसी मैं सोने के पहले लगा देती हूं, सांकल लगी हुई देखती हूं, पर वह जो मेरे सोने के बाद आता है, वह कौन है और जाने किस मार्ग से आता है फिर जाने किस मार्ग से चला जाता है।

करु उठाइ घूंघट करत उझरत पट-गुझरौट।
सुख-मोटैं लूटीं ललन लखि ललना की लौट॥

बिहारी कहते हैं—एक सखी दूसरी सखी को बता रही है—प्रेयसी के हाथ उठाकर घूँघट करने के प्रयास में साड़ी का आंचल ऊपर की ओर सरकते ही वह रास्ते से वापस लौट पड़ी और उसको वापस जाते देखकर सामने से आ रहे नायक ने सुख की अद्‌भुत अनुभूति की।

करौ कुबत जगु, कुटिलता तजौं न, दीनदयाल।
दुखी होहुगे सरल हिय बसत, त्रिभंगी लाला॥

बिहारी भगवान से कहते हैं—हे दीनदयाल! मैं आपको अपने हृदय में बसाने की खातिर ऐसा दीन और आतुर हो रहा हूं। संसार मेरी निन्दा करता रहे, लेकिन मैं अपनी कुटिलता न तजूंगा। क्योंकि यदि मैं कुटिलता छोड़ दूंगा तो मेरा हृदय सरल हो जायेगा और फिर हे त्रिभंगी लाल, तुम सरल हृदय में बसते हुए दुःखी होंगे, क्योंकि टेढ़ी वस्तु सीधी वस्तु के भीतर नहीं रह सकती।

निज करनी सकुचेहिं कत सकुचावत इहिं चाल।
मोहूं से नित-बिमुख-त्यौं सनमुख रहि, गोपाल॥

बिहारी कहते हैं—हे गोपाल! अपने बुरे कर्मों से लज्जित को अपनी इस कृपा से दूर रखकर आप और भी अधिक क्यों लज्जित करते हैं?

मोहिं तुम्हैं बाढ़ी बहस, को जीतै, जदुराज।
अपनैं-अपनैं बिरद की दुहूँ निबाहन लाज॥

बिहारी कहते हैं–हे यदुराज! मुझसे तुमसे 'बहस' बढ़ी है, देखें तो कौन जीतता है। अपने-अपने नाम की लज्जा का निर्वाह दोनों ही को करना है। तुम पतित पावन हो और मैं पातकी, देखें तुम मुझे तारकर जीतते हो या न तारकर हारते हो।

नयैं बिरह बढ़ती बिथा खरी बिकल जिय बाल।
बिलखी देखि परोसिन्यौ हरखि हंसी तिहिं काल॥

बिहारी कहते हैं–नायिका को नया-नया विरह हुआ है। नए विरह में बढ़ती हुई व्यथा से वह पड़ोसिन को भी विरह-व्यथा में देखकर उसी समय हर्षित होकर हंस पड़ी।

फूलीफाली फूल सी फिरति जु बिमल-बिकास।
भोरतरैयां होहु ते चलत तोहिं पिय-पास॥

बिहारी कहते हैं–नायिका से सखी कहती है–तेरी सौतें निर्भय होकर जो फूली-सी फिरती हैं। वह हम लोगों से सहन नहीं होता। हम लोगों की इच्छा है कि वे तेरे प्रियतम के पास पहुंचते ही उसकी नज़र में प्रभावहीन हो जाएं।

अरी; खरी सटपट परी बिधु आधैं मग हेरि।
संग-लगैं मधुपनु लई भागनु गली अंधेरि॥

बिहारी कहते हैं–नायिका सखी से कहती है–हे सखी! उस रात्रि को नायक से मिलकर लौटने में देर हो गई। मैं आधे मार्ग में चंद्रमा देखकर घबरा गई। पर अच्छा हुआ कि मेरे शरीर की सुगन्धि के कारण मेरे संग लगे हुए भ्रमरों ने गली अंधियारी कर ली, नहीं तो बड़ा अनर्थ हो जाता, लोग मुझे देख लेते।

नाचि अचानक हीं उठे बिनु पावस बन मोर।
जानति हौं, नंदित करी यह दिसि नंदकिसोर॥

बिहारी कहते हैं–नायिका से सखी कह रही है–हे सखी! आज मैं जब यहां आ रही थी तो नजदीक वाले वन में बिना सावन के अचानक ही मोर नाच उठे। इससे मुझे लगता है कि घनश्याम-स्वरूप कृष्ण ने उस जंगल को रंगमय किया है। अर्थात् वहां जाकर तेरी विरह-व्यथा दूर हो जायेगी।

जाकैं एकाएक हूं, जग ब्यौसाइ न कोइ।
सो निदाघ फूलै फरै आकु डहडहौ होइ॥

बिहारी कहते हैं–जिसके लिये जग में कोई एक मनुष्य भी परिश्रम करने वाला नहीं है, वह बेचारा मदार ग्रीष्म ऋतु में हरा-भरा होकर फूलता-फलता है।

नहिं पावसु, ऋतुराज यह, तजि, तरवर, चित-भूल।
अपतु भऐं बिनु पाइहै क्यौं नव दल, फल, फूल॥

बिहारी कहते हैं–हे श्रेष्ठ वृक्ष! यह तो ऋतुराज वसन्त है, तू अपने मन की यह आस कि इससे भी वर्षा ऋतु की भांति सहज ही में सब प्राप्त हो जायेगी, छोड़ दे। इससे मान-रहित हुए तू कोंपल, फल तथा फूल ही पाएगा।

बन-बाटनु पिक-बटपरा लखि बिरहिनु मत मैंन।
कुहौ कुहौ कहि कहि उठैं, करि करि राते नैन॥

बिहारी कहते हैं–परदेश जाने के लिए तैयार नायक से नायिका कहती है–वसंत ऋतु में परदेश जाना ठीक नहीं है, क्योंकि वन के मार्गों में कोकिल रूपी डाकू विरहियों को विरह-व्यथा में देखकर अपनी आंखें लाल करके और कुहौ-कुहौ यानी मारो-मारो कहकर चारों ओर से उन पर आक्रमण कर देते हैं।

दिसी दिसी कुसुमति देखियत उपबन-बिपिन-समाज।
मनहुं बियोगिनु कौं कियौ सर-पंजर रितुराज॥

बिहारी कहते हैं–सखी नायिका को समझाती है–हे सखी! देख, उपवन तथा जंगल के पेड़-पौधे प्रत्येक दिशा में फूले हुए दिखाई देते हैं।

इसलिए तू यह समझ कि ऋतुराज वसंत ने वियोगियों को दण्ड देने के लिये इन उपवनों, वनों के पेड़-पौधों को काम के बाणों का शरपंजर बनाया है।

टटकी धोई धोवती, चटकीली मुख-जोति।
लसति रसोई कैं बगर, जगरमगर दुति होति॥

बिहारी कहते हैं—नववधू पहली बार रसोई में खाना बनाने आई है। इस समय नायिका की शोभा देखने लायक है। उसके शरीर पर तुरन्त की धोई साड़ी शोभित हो रही है और उसके मुख की ज्योति अग्नि की चमक से और भी चमकीली हो रही है। इस रूप में वह रसोई के काम में लगी हुई है और उसकी चमक से रसोई जगमगा रही है।

सोहति धोती सेत मैं कनक-बरनतन बाल।
सारद-बारद-बिजुरी-भा रद कीजति, लाल॥

बिहारी कहते हैं—हे लाल! उज्जवल साड़ी में वह कनक-वर्ण से शरीर वाली नवोढ़ा ऐसी खिलती है कि उसके आगे शरद ऋतु के बादल की बिजली की आभा फीकी लगती है।

रहौ, गुही बेनी, लखे गुहिबे की त्यौनार।
लागे नीर चुचान, जे नीठि सुकाए बार॥

बिहारी कहते हैं—नायक नायिका की चोटी बना रहा है। नायिका मारे नखरे के कहती है—रहने दो, तुम चोटी गूंथ चुके। तुम्हारे गूंथे चोटी गूंथी न जायेगी, जरा तुम अपने गूंथने का ढंग तो देखो कि जो बाल बड़ी मुश्किल से सुखाए थे, वे फिर से गीले होकर पानी टपकाने लगे।

मीत, न नीति गलीतु ह्वै जौ धरियै धनु जोरि।
खाऐं खरचैं जौ जुरै, तो जोरियै करोरि॥

बिहारी कहते हैं—हे मित्रो! यह तरीका नहीं है कि दीन होकर धन इकट्ठा करके रखा जाये। पर हां, यदि आवश्यक खर्च करने पर कुछ बचे, तो चाहे करोड़ रुपया इकट्ठा किया जाये तो ठीक है अर्थात् मन को मारकर धन जमा करना ठीक नहीं है।

दुरै न निघरघट्यौ दियैं ए रावरी कुचाल।
बिषु सी लागति है बुरी हंसी खिसी की, लाल॥

बिहारी कहते हैं–विवाहिता अपने पति से शिकायत कर रही है–हे लाल! तुम्हारे द्वारा लाख जतन करने पर भी तुम्हारी ये कुचालें नहीं छिपतीं। हे लाल! तुम्हारी यह खीझ भरी हंसी मुझे विष जैसी बुरी लगती है।

घन-घेरा छुटि गौ, हरषि चली चहूं दिसि राह।
कियौ सुचैनौ आइ जगु सरद-सूरननाह॥

बिहारी कहते हैं–विरहाकुल नायिका को सखी समझा रही है–बादलों का उमड़ना-घुमड़ना बंद हो गया, चारों ओर हर्षपूर्वक बादलों की बाधा से निडर होकर राह चलने लगी और शरद रूपी शूर ने आकर संसार को सुखी, यानी बादलों की बाधा से से रहित कर दिया।

अरुन सरोरुह-कर-चरन, दृग-खंजन, मुख-चंद।
समै आइ सुंदरि सरद काहि न करति अनंद॥

बिहारी शीत ऋतु का वर्णन सुंदर स्त्री से तुलना करते हुए कहते हैं- जिसके हाथ-पांव लाल कमल के समान हैं, नेत्र खंजन हैं एवं मुख-चन्द्रमा के समान है। ऐसी शरद रूपी सुन्दरी का आगमन किसको आनंदित नहीं करता।

नाहिनं ए पावक-प्रबल लुवैं चलैं चहुं पास।
मानहु बिरह बसंत कैं ग्रीषम-लेत उसास॥

बिहारी कहते हैं–नायिका ग्रीष्म ऋतु का वर्णन सखी से कर रही है–हे सखी! चारों ओर ये अग्नि-सी प्रबल लुएं नहीं चल रही हैं, बल्कि इनको तो तुम वसंत के विरह में ग्रीष्म द्वारा ली जाती हुई सांसें समझो।

नहिं हरि लौं हियरा धरौ, नहिं हर लौं अरधंग।
एकत ही करि राखियै अंग-अंग प्रति अंग॥

बिहारी कहते हैं–सखी नायिका को नायक के पास लाकर कहती है–इस अपूर्व सुन्दरी को आप न तो विष्णु भगवान की तरह दिल में

रखिए और न शंकर की भांति वामांग में। इसके तो अंग-अंग को आप अपने अंग-अंग में समेटकर ही रखिए, तभी आपको इसके अपूर्व सुंदरी होने का अनुभव हो सकेगा।

किये सबै जगु काम-बस, जीते जिते अजेइ।
कुसुमसरहिं सर धनुष कर अगहनु गहन न देइ॥

बिहारी कहते हैं—नायिका का मान छुड़ाने के लिए सखी कहती है—यह अगहन रूपी सेनापति ऐसा दृढ़ तथा स्वामीनिष्ठ है कि अपने प्रभु कुसुमसर महाराज को हाथ में सर तथा धनुष लेने ही नहीं देता। अपने प्रबल प्रभाव से स्वयं ही संसार को कामुक बना दिया और जितने योगी-संन्यासी इत्यादि समझे जाते थे, उनको भी भ्रमित कर दिया है। फिर ऐसे अगहन के समय में तेरा मान करना ठीक नहीं है, क्योंकि वह तुझको भी काम-वश कर देगा।

छिनकु, छबीले लाल, वह नहिं जौ लगि बतराति।
ऊख, महूष, पियूष की तौ लगि भूख न जाति॥

बिहारी कहते हैं—मुग्धा नायिका की सखी नायक से कहती है—हे बांके लाल! उसने जब तक तुमसे पल भर भी बात नहीं की है, तब तक ही तुम्हारी गन्ना तथा अमृत की चाह है। जहां उसने तुमसे दो बातें कीं, ईख, मधु, अमृत आदि सबकी मिठास भूलकर उसकी बातों की ही माधुरी के पान करने की लालसा में लीन रहने लगोगे।

अंगुरिनु उचि, भरु भीति दै, उलमि चितै चख लोल।
रुचि सौं दुहू दूहूंन के चूमे चारु कपोल॥

बिहारी कहते हैं—पांवों की उंगलियों से उचककर, दीवार पर अपना-अपना भार देकर, आगे की ओर झुककर तथा चंचल नेत्रों से इधर-उधर देखकर दोनों ने एक-दूसरे के गाल चूम लिए।

नागरि, बिबिध बिलास तजि, बसी गवेंलिनु मांहि।
मूढ़नि मैं गनबी कि तूं, हठ्यो दै इठलाहिं॥

बिहारी कहते हैं–हे चतुर सुंदरी! अब तू बुद्धिमानों के से विविध चाल व्यवहार, रहन-सहन छोड़ दे, क्योंकि तू गंवारिनों के बीच बसी है। देख ये सब गंवारिनें तेरे चतुर व्यवहार पर अंगूठा दिखाकर इठलाती हैं।

बिथुर्‌यौ जावकु सौति-पग निरखि हंसी गहि गांसु।
सलज हंसौंहीं लखि लियौ आधी हंसी उसांसु॥

बिहारी कहते हैं–सौत के पांवों में फैला हुआ महावर देखकर नायिका पहले तो उसे फूहड़ समझकर हंसी। फिर उस सौत को शरमाकर हंसते हुए देखकर उसने आधी ही हंसी में खेद से ऊंचा श्वास लिया।

सौहैं हूं हेरयौ न तैं, केती द्‌याई सौंह।
एहो, क्यों बैठी किए ऐंटी ग्वैंठी भौंह॥

बिहारी कहते हैं–सखी नायिका से कहती है–नायक तथा मैंने, तुझे मान छोड़ने के लिये कितनी ही सौगंध दिलाई, पर मान छोड़ना तो दूर, तूने नायक की ओर देखा भी नहीं। तब मजबूर होकर वह यहां से चला गया। अरी, भला बता तो सही कि अब तू क्यों टेढ़ी-मेढ़ी भौंहें किए बैठी है।

कहा कुसुम, कह कौमुदी, कितक आरसी जोति।
जाकी उजाई लखैं आंखि ऊजरी होति॥

बिहारी कहते हैं–नायक नायिका के गौरवर्ण पर रीझकर कहता है–जिसकी उज्ज्वलता देखने पर आंख उज्जवल होती है, भला उसके आगे फूल क्या है, चांदनी क्या है और दर्पण में कितनी चमक है।

पहिरत हीं गोरैं गरैं यौं दौरी दुति, लाल।
मनौ परसि पुलकित भई मौलसिरी की माल॥

बिहारी कहते हैं–नायक ने नायिका के लिये मौलसिरी की माला उसकी अंतरंगिनी सखी के हाथ भेजी थी। सखी ने जब वह माला नायिका को पहनाई तो नायिका की सखी नायक से कहती है-हे लाल! तुम्हारी भेजी हुई मौलसिरी की माला को गोरे गले में पहनते ही प्रेमासिक्त वह माला उस पर ऐसी शोभित हुई, मानो उसको स्पर्श करके पुलकित हुई मेरी सखी स्वयं मौलसिरी की माला हो गई।

रस-भिजए दोऊ दुहुनु, तउ टिकि रहे, टरैं न।
छबि सौं छिकत प्रेम-रंगु भरि पिचकारी नैन।

बिहारी कहते हैं—नायक-नायिका एक दूसरे के प्रेम रूपी रंग रस में भीग गए हैं और ऐसे में चाहिए तो यह था कि सामने से हट जाते, लेकिन ये तो नयन-रूपी पिचकारियां भरकर प्रेम रूपी रंग बड़ी सुन्दरता से छिड़कते हुए आमने-सामने डटे हुए हैं।

कियौ जु, चिबुक उठाइ कै, कंपित कर भरतार।
टेढ़ीयै टेढ़ी फिरति टेढ़ैं तिलक लिलार।।

बिहारी कहते हैं—ठोढ़ी उठाकर, कांपते हुए हाथ से जो तिलक नायक ने नायिका को लगाया, ललाट पर प्रियतम के प्रेम स्पर्श स्वरूप उस तिलक के गर्व से वह टेढ़ी ही इतराती फिरती है।

भौ यह ऐसोई समौ, जहां सुखद दुखु देत।
चैत-चांद की चांदनी डारति किए अचेत।।

बिहारी कहते हैं—विरहाकुल नायिका सखी से कहती है—प्रियतम के विरह में यह समय ऐसा हो गया है जिसमें सुखकारी चीजें भी दुःख देती हैं। देख, यह चैत्र मास के चंद्रमा की चांदनी, प्रियतम साथ थे तो सुखद थी और अब इस समय मुझे अचेत किए डालती है।

कत कहियत दुखु देन कौं रचि रचि बचन अलीक।
सबै कहाउ रह्यौ लखैं, लाल, महावर लीक।।

बिहारी कहते हैं—नायक दूसरी स्त्री के पास रात भर रहकर आया है और नायिका से झूठ बोला है। नायिका उससे कह रही है—मुझे दुःख देने के लिए ये झूठे वचन रच-रचकर क्यों कहे जा रहे हो। हे लाल! तुम्हारा सभी कहना-सुनना तुम्हारे माथे पर महावर की लीक देखने पर झूठा साबित हो गया।

लोपे कोपे इंद्र लौं रोपे प्रलय अकाल।
गिरिधारी राखे सबै गो, गोपी, गोपाल।।

बिहारी कहते हैं–रे मन, तू घबरा मत, धैर्य धारण कर। तेरे प्रभु गोपाल ऐसे भक्त वत्सल हैं कि उन्होंने समस्त ब्रज के प्राणियों की रक्षा की और दूसरों की कौन कहे, इन्द्र जैसे प्रबल शत्रु उनके आगे भाग गए।

ढोरी लाई सुनन की, कहि गोरी मुसकात।
थोरी-थोरी सकुचित सौं भोरी-भोरी बात॥

बिहारी कहते हैं–नायक अपनी दशा का सखी से वर्णन करते हुए कहता है–उस गोरी रंगत वाली नायिका ने मुस्कराते हुए थोड़ी लज्जा से भोली-भोली बात कहकर मुझे वैसी ही बात बार-बार सुनने की लत लगा दी है।

छुटै न लाज, न लालचौ प्यौ लखि नैहर-गेह।
सटपटात लोचन खरे भरे सकोच, सनेह॥

बिहारी कहते हैं–प्रियतम को मायके में देखकर, नायिका के नेत्रों से न तो लज्जा छूटती है और न लालच ही, अतः उसके नेत्र संकोच तथा प्रेम से भरे हुए अत्यंत सकुचाते हैं।

ह्यां तैं ह्यां, ह्यां, तैं इहां, नेकौ धरति न धीर।
निसि दिन डाढ़ी-सी फिरति बाढ़ी गाढ़ी पीर॥

बिहारी कहते हैं–एक सखी दूसरी सखी से कह रही है–वह थोड़ा-सा भी सब्र न करती हुई बढ़ी हुई गहरी पीड़ा से परेशान-सी रात दिन यहां-वहां फिरा करती है।

बिरह-बिकल बिनु ही लिखी पाती दई पठाइ।
आंक-बिहूनीयौ सुचित सूनैं बांचत जाइ॥

बिहारी कहते हैं–उधर नायिका की तो यह मनोदशा है कि उस विरहाकुल ने नायक को पत्र लिखना चाहा, पर जब व्याकुलता के कारण न लिख सकी तो बिना लिखे ही पत्र भेज दिया। इधर नायक की यह दशा है कि यह बिना अक्षरों वाला पत्र भी बड़े ध्यान से बांचता है।

समरस-समर-सकोच-बस-बिबस न ठिक ठहराइ।
फिरि फिरि उझकति, फिरि दुरति, दुरि दुरि उझकति आइ॥

बिहारी कहते हैं—संकोच के वश में पड़कर विवश हुई वह नायिका किसी एक में नहीं रहती। बार-बार नायक को देखने के लिए झरोखे में उझकती है और फिर छिप जाती है, इसी प्रकार वह छिप-छिपकर लोगों की तथा नायक की दृष्टि बचा-बचाकर झरोखे में आकर उझकती तथा झांकती है।

दोऊ चोरमिहीचनी खेलु न खेलि अघात।
दुरत हियैं लपटाइ कै, छुवत हियैं लपटाइ॥

बिहारी कहते हैं—एक सखी दूसरी सखी से कहती है—नायक-नायिका आंख-मिचौली का खेल खेलकर थकते नहीं। दोनों एक दूसरे के हृदय से लिपटकर छिपते हैं। जब किसी अन्य की आंख मूंदने की पारी होती है, तब दोनों एक ही स्थान में जा छिपते हैं और वहां एकांत पाकर परस्पर आलिंगन करते हैं।

मिसि हीं मिसि आतप दुसह दई और बहराइ।
चले ललन मनभातिहिं तन की छांह छिपाइ॥

बिहारी कहते हैं—बड़ी मुश्किल से सही जाने वाली धूप के बहाने ही बहाने से और सब नायिकाओं को तो नायक ने टाल दिया और अपनी मनपसंद नायिका को अपने तन की छाया में छिपाकर कुंज भवन की ओर चला गया।

लहलहाति तन तरु नई लचि लग लौं लफि जाइ।
लगैं लांक लोइन-भरी लोइनु लेति लगाइ॥

बिहारी कहते हैं—नायिका पर मोहित नायक कहता है—उसके शरीर में तरुणाई लहलहा रही है तथा उसकी लावण्य-भरी कमर पर नज़र पड़ने से वह लचककर 'लग' यानी बांस की तरह झुक जाती है और देखने वालों को अपने पर मोहित कर लेती है।

रही अचल सी ह्वै, मनौ लिखी चित्र की आहि।
तजैं लाज, डरु लोक कौ, कहौ, बिलोकति काहि॥

बिहारी कहते हैं—सखी नायक ताना देती हुई कहती है—देखो, वह तुम्हें देखकर मूर्तिवत-सी हो रही है, मानो चित्र में लिखी हुई मूर्ति है। यदि वह तुम पर आसक्त नहीं है, जैसा तुम कहते हो, तो फिर लज्जा तथा लोक का डर छोड़कर इस तरह वह किसको निहार रही है।

पल न चलैं, जकि सी रही, थकि सी रही उसास।
अबहीं तनु रितयौ, कहौ, मनु पठ्यौ किहिं पास॥

बिहारी कहते हैं—सखी नायिका से परिहास करते हुए कहती है—नायक को देखकर तेरी पलकें झपकती नहीं, तू आश्चर्यचकित-सी हो रही है तथा तेरी सांस थक-सी रही है। अभी तक तो तेरी ऐसी मनोदशा नहीं थी, पर इस नायक को देखते ही तूने अपना शरीर मन से खाली कर दिया। तू इस पर अनुरक्त है, तो बतला मन को कहां भेजा है?

मैं लै दयौ, लयौ सु, कर छुबत छिनकि गौर नीरु।
लाल, तिहारौ अरगजा उर ह्वै लग्यौ अबीरु॥

बिहारी कहते हैं—सखी नायक से कहती है—मैंने तुमसे अरगजा लेकर उसको दिया और उसने ले लिया, पर वह अरगजा उसके हृदय तक नहीं पहुंच पाया। उसके हाथ से छूते ही विरह-ताप के कारण उसका नयन-नीर छनछना कर जल गया। हे लाल! तुम्हारा भेजा हुआ अरगजा उसके हृदय पर अबीर होकर लगा।

कहे जु बचन बियोगिनी बिरह-बिकल बिललाइ।
किए न को अंसुवा-सहित सुवा ति बोल सुनाइ॥

बिहारी कहते हैं—सखी नायिका के वियोग दुःख का वर्णन नायक से कर रही है—विरहाकुल नायिका ने जो वचन बिलबिलाकर कहे, वे ऐसे हृदयविदारक थे कि सबको रोना आ गया। उन शब्दों को तोते ने सुनाकर ऐसे कौन कठिन हृदय के थे, जिनको आंसूमय नहीं कर दिया।

छिप्यौ छबीलौ मुंहु लसै नीलैं अंचर-चीर।
मनौ कलानिधि झलमलै कालिंदी कैं नीर॥

बिहारी कहते हैं—सखी नायक से नायिका की सुंदरता का वर्णन करती है—उसका मनमोहक मुख नीले आंचल में छिपा हुआ ऐसा शोभा देता है, मानो चंद्रमा कालिंदी के नीले पानी में प्रतिबिंबित होकर जल तरंगों के कारण हिलता हुआ प्रतीत हो रहा है।

मानु तमासौ करि रही बिबस बारुनी सेइ।
झुकति, हंसति; हंसि-हंसि झुकति, झुकि-झुकि हंसि-हंसि देइ॥

बिहारी कहते हैं—एक सखी दूसरी सखी से कहती है—देख, यह वारुणी-पान करके विवश हुई नायिका मान को एक तमाशा बना रखी है। वह कभी तो झुकती है, और कभी हंसती है, हंस-हंसकर वह खीझती है और खीझ-खीझकर हंस देती है, उसकी हंसी और खीझ एक तमाशा बन गई है।

सदन-सदन के फिरन की सद न छुट, हरिराइ।
रुचै; तितै बिहरत फिरौ; कत बिहरत उरु आइ॥

बिहारी कहते हैं—हे हरिराय! आपकी घर-घर जाने की गंदी आदत नहीं छूटती तो ठीक है, मैंने संतोष कर लिया। मैं भी उसी में खुश हूं, जिसमें आपको खुशी मिले। आपको जहां अच्छा लगे, वहां विचरण करते रहिए, यहां आकर मेरा हृदय क्यों दुःखी करते हैं।

प्रलय-करन बरषन लगे जुरि जलधर इकसाथ।
सुरपति-गरबु हर्‌यौ हरषि गिरिधर गिरि धरि हाथ॥

बिहारी कहते हैं—प्रलयकारी बादल इन्द्र की आज्ञा से ब्रज को बहा देने के लिए इकट्ठे होकर एक साथ ही बरसने लगे। पर उनकी न चली। गिरिधर ने खेल-खेल में गोवर्द्धन गिरि को हाथ पर धरकर, ब्रजवासियों को उसके नीचे शरण देकर इंद्र का गर्व नष्ट कर दिया।

ज्यौं-ज्यौं आवति निकट निसि, त्यौं-त्यौं खरी उताल।
झमकि झमकि टहलैं करै लगी रहचटैं बाल॥

बिहारी कहते हैं—एक सखी दूसरी सखी से नायिका की ओर इशारा करके कहती है—देख, रस की चाट में लगी हुई यह नवोढ़ा ज्यों-ज्यों रात समीप आती है, त्यों-त्यों शीघ्रता से झमक-झमक कर घर के काम निपटाती है।

सुभर भर्‌यौ तुवगुन-कननु, पकयौ कपट-कुचाल।
क्यौं धौं, दारयौ ज्यौ, हियौ दरकतु नाहिंन; लाल॥

बिहारी कहते हैं—नाराज़ नायिका नायक से कहती है—मेरा हृदय तुम्हारे अवगुण-रूपी कणों से भर गया है और तुम्हारे कपट की कुचाल से पीड़ित है तो फिर हे लाल, यह हृदय जिस भांति अनार पककर दरकता है, उस भांति न जाने क्यों दरक नहीं जाता।

धुरवा होहिं न, अलि, उठै धुवां धरनि-चहुंकोद।
जारत आवत जगत कौं पावस-प्रथमपयोद॥

बिहारी कहते हैं—नायिका सखी से कह रही है—ये जो पृथ्वी के छोर से उठते हुए दिखलाई दे रहे हैं, ये धुआं नहीं है। पावस ॠतु के प्रथम बादल संसार को जलाते हुए चले आ रहे हैं, यह उसी का धुआं चारों ओर उठ रहा है।

सुरति न ताल न तान की, उठ्यौ न सुरु ठहराइ।
एरी, रागु बिगारि गौ बैरी बोलु सुनाइ।

बिहारी कहते हैं—गाना गा रही नायिका के खामोश हो जाने पर सखी ने टोका तो वह बोली—मैं क्या करूं, मुझे सुध न धुन की रह गई है, न स्वर की और न उठा हुआ स्वर ठहरता है। हे सखी, वह मेरा बैरी (प्रियतम) बीच में अपना बोल सुनाकर और स्वरभंग पैदा कर मेरा गाना बिगाड़ गया।

प्रजर्‌यौ आगि बियोग की, बह्यौ बिलोचन-नीर।
आठौं जाम हियौ रहै उड्‌यौ उसास-समीर॥

बिहारी कहते हैं—नायिका की सखी नायक से उसके विरह का वर्णन करती है—विरह-आग से जला हुआ तथा आंखों के नीर से बहा हुआ उसका हृदय रूपी पतंग आठों प्रहर सांसों के वेग से उड़ा रहता है।

उरु उरुझ्यौ चितचोर सौं, गुरु गुरुजन की लाज।
चढ़ैं हिडोरैं सैं हियैं कियैं बनै गृह-काज।।

बिहारी कहते हैं–सखियां नायिका की मनोदशा का आपस में वर्णन कर रही हैं–इसका दिल एक ओर तो चितचोर से उलझा हुआ है और दूसरी ओर सास, जेठानी इत्यादि की बहुत लज्जा है। इसी खींचातानी में इस बेचारी से घर के काम-काज सही ढंग से नहीं हो रहे, भला ऐसे झूले पर चढ़े हुए हृदय से भी गृह-काज किए बनता है।

पट सौं पोंछि परी करौ, खरी-भयानक-भेष।
नागिनि ह्वै लागति दृगनु नागबेलि-रंग-रेख।।

बिहारी कहते हैं–नायिका अपने प्रियतम से कहती है–हे लाल! यह जो तुम्हारी आंखों में नागबेल के रंग की रेखा है, वह मुझे बड़ी खूंखार भेष वाली नागिन के समान लगती है। तुम उसको वस्त्र से पोंछकर दूर कर डालो।

तो लखि मो मन जो लही, सो गति कही न जाति।
ठोड़ी-गाड़ गड़्यौ तऊ उड़्यौ रहै दिन राति।।

बिहारी कहते हैं–नायक नायिका की ठोड़ी पर मोहित होकर उससे कहता है–तुझको देखकर मेरे मन ने जो कल्पना की है, वह बता नहीं सकता। मेरा मन तेरी ठोड़ी की गाड़ में गड़ गया है और दिन-रात उड़ा रहता है।

मैं लखि नारी-ज्ञानु करि राख्यौ निरधारु यह।
बहई रोग-निदानु, वहै बैदु, औषधि वहै।।

बिहारी कहते हैं–विरहाकुल नायिका को देखकर सखी कहती है–मैंने देखकर तेरी मनोदशा का यह निश्चय किया है कि तेरे रोग का प्रियतम ही आदि कारण है, वही वैद्य है और वही औषधि है।

जो तिय तुम मनभावती राखी हियैं बसाइ।
मोहिं झुकावति दृगनु ह्वै वहई उझकति आइ।।

बिहारी कहते हैं–नायिका शिकायती लहजे में नायक से कहती है–जो मनभावनी स्त्री तुमने अपने दिल में बसा रखी है, वही मुझको जलाती हुई तुम्हारी आंखों में आकर मुझे सताती है, जिससे तुम्हें मुझमें भी वही दिखाई देती है और तुम उसी के नाम से मुझको बुलाने लगे हो।

उर लीनै अति चटपटी, सुनि मुरली-धुनि, धाइ।
हौं निकसी हुलसी, सु तौ गौ हुल सी हिय लाइ॥

बिहारी कहते हैं–नायिका अपना दुःख सखी से कहती है–निश्चित स्थान से नायक की मुरली की ध्वनि सुनकर शीघ्र मिलने की अभिलाषा लिए हुए, इस आशा से कि उससे मिलन होगा, प्रसन्न होकर दौड़कर मैं घर से निकली। पर अपने भाग्य को क्या कहूं, वह तो मेरे वहां पहुंचने से पहले ही मेरे हृदय में हुल यानी बर्छी-सी छुआकर वहां से चला गया था।

हठु न हठीली करि सकै यह पावस-ऋतु पाइ।
आन गांठि घुटि जाइ, त्यौं मान-गांठि छुटि जाइ॥

बिहारी कहते हैं–सखी नायिका को समझा रही है–इस उत्तेजक ऋतु में तेरा हठ करना उचित नहीं है। यदि तू करेगी, तो उसे निभा नहीं पाएगी। देख, बड़ी-बड़ी हठीली भी इस पावस ऋतु में हठ नहीं कर सकती, क्योंकि इस ऋतु में जिस प्रकार अन्य गांठ कस जाती है, उसी प्रकार मान के कारण हृदय में पड़ी हुई गांठ खुल जाती है।

वाही दिन तैं न मिट्यौ मानु, कलह कौ मूलु।
भलैं पधारे, पाहुने, ह्वै गुड़हर कौ फूलु॥

बिहारी कहते हैं–सखी नायक से कहती है–हे पाहुने! तुम जो गुड़हल के फूल बनकर यानी गुस्से से लाल हुए उस दिन क्या आए, बस उसी दिन से नायिका का मान, जो कलह का मूल है, नहीं मिटा क्योंकि गुड़हल का फूल यानी गुस्सैल व्यक्ति जहां जाता है, वहां कलह होता ही है।

मोहूं सौं बातनु लगैं लगी जीभ जिहिं नाइ।
सोई लै उर लाइयै, लाल, लागियतु पाइ॥

बिहारी कहते हैं—नायिका नायक को उलाहना देती है—हे लाल! मैं पांव लगकर विनती करती हूं कि मुझसे भी बातें करते समय आपकी जीभ जिसके नाम से लगी हुई है, उसी को लेकर छाती से लगाइए, मुझे छोड़ दीजिए।

नावक-सर से लाइ कै, तिलकु तरुनि इत तांकि
पावक-झर सी झझकि कै, गई झरोखा झांकि॥

बिहारी कहते हैं—नायक नायिका की सखी से कहता है—वह झरोखे से झांककर एवं क्षणमात्र मेरी ओर नयन करके, अग्नि की ज्वाला-सी झमककर, मुझ पर नयन बाण मारकर हट गई। उससे मिलने का कोई उपाय बताओ।

छुटे छुटावत जगत तैं सटकारे, सुकुमार।
मनु बांधत बेनी-बंधे नील, छबीले बार॥

बिहारी कहते हैं—नायक सखी से कहता है—उसके पतले, लचकीले और कोमल खुले बाल तो संसार की हर चीज़ से मन को हटा देते हैं और उसके चोटी गूंथे हुए काले तथा छबीले बाल मन को मोह लेते हैं। उसके बाल दोनों ही अवस्थाओं में सुंदर और मनोहारी लगते हैं।

इहीं बसंत न खरी, अरी, गरम न सीतल बात।
कहि, क्यौं झलके देखियत पुलक, पसीजे गात॥

बिहारी कहते हैं—सखी नायिका के मनोभाव पढ़ते हुए कहती है—अरी, इस बसंत ऋतु में वायु न तो गरम है और न शीतल ही। इस समय पसीना आने का तो कोई कारण ही नहीं है। इस नायक को देखकर तुझे पसीना और मुस्कान आ गई जिससे तेरा प्रेम लक्षित होता है। यदि ऐसा नहीं है, तो तू ही कह, तेरे चेहरे पर मुस्कान तथा शरीर पर पसीना क्यों हैं।

छिपैं छिपाकर छिति छुवैं तम ससिहरि न, संभारि।
हंसति हंसति चलि, ससिमुखी, मुख तैं आंचरु टारि॥

बिहारी कहते हैं—सखी नायिका से कहती है—'छिपाकर' यानी चंद्रमा के छिप जाने के कारण अंधकार के फैलने से तू मत डर, बल्कि

स्वयं को संभाल और हे चंद्रमुखी, अपने मुख से घूंघट हटा ताकि फिर चंद्रमा निकल आए। फिर बेखटक चली चल।

अपनैं-अपनैं मत लगे बादि मचावत सोरु।
ज्यौं त्यौं सबकौं सेइबौ एकै नंदकिसोरु॥

बिहारी कहते हैं—संसार भर के मतवादी अपने-अपने मतों के अनुसार व्यर्थ ही वाद-विवाद किया करते हैं। सच तो यह है कि एक नंदकिशोर की ही सेवा सबको करनी है। चाहे किसी देव की कोई सेवा करे, पर वास्तव में वह सेवा नंदकिशोर की ही होती है।

लहि सूनैं घर करु गहत दिठादिठी की ईठिं।
गड़ी सु चित नाहीं करति करि ललचौंहीं डीठि॥

बिहारी कहते हैं—देखा-देखी यानी जान-पहचान के कारण धृष्टता करके एक दिन नायिका को सूने घर में पाकर उसका हाथ पकड़ने पर व लालच भरी दृष्टि से ताकते हुए पाकर 'नाही' करती हुई वह बाला नायक के हृदय में गड़ गई।

कब की ध्यान-गली लखौं, यह धरु लगिहै काहि।
डरियतु भृंगी-कीट लौं मति बहई ह्वै जाइ॥

बिहारी कहते हैं—नायक पर मोहित नायिका को सखी समझा रही है—मैं तुझको काफी समय से नायक के ध्यान में लगी हुई देख रही हूं, जिससे यह डर होता है कि कहीं तू भृंगी के द्वारा पकड़े गए कीड़े की भांति उसी की तरह न हो जाये। ऐसी अवस्था में तू बतला तो सही कि यह तेरा घर-बार कैसे चलेगा? क्योंकि तू तो रहेगी ही नहीं। अच्छा रहेगा कि तू स्वयं का ध्यान रख।

झुकि-झुकि झपकौं हैं पलनु, फिरि फिरि जुरि, जमुहाइ।
बींदि पिआगम, नींद-मिसि, दीं सब अली उठाइ॥

बिहारी कहते हैं—नायिका ने प्रियतम के आने का अनुमान लगाकर, झपकते हुए पलकों सहित झुक-झुककर, अंगड़ाई तथा जंभाई ले-लेकर

नींद के बहाने से सब सखियों को अपने पास से उठा दीं और स्वयं को शयनकक्ष में अकेला कर लिया।

गाह्यौ अबोलौ बोलि प्यौ आपुहिं पठे बसीठि।
दीठि चुराई दुहुनु की लखि सकुचौंही दीठि॥

बिहारी कहते हैं—नायिका ने स्वयं बड़े चाव से दूती भेजकर नायक को बुलाकर लाने को कहा था और अब उसके आने पर नायिका ने रोष से मौन धारण कर लिया है। नायक तथा दूती की लज्जित दृष्टि देखकर बेचारी नायिका समझ गई है कि दूती के साथ भी रमण करके नायक आया है।

हितु करि तुम पठयौ, लगैं वा बिजना की बाइ।
टली तपति तन की, तऊ चली पसीना-न्हाइ॥

बिहारी कहते हैं—सखी नायक से कह रही है—तुमने जो पंखा बड़े प्यार से उसके पास भेजा, वह उस 'बिजना' यानी पंखे की हवा लगने से उसके तन की गर्मी तो शीतल वायु के आनंद से ले गई, फिर भी वह शीतल वायु के पसीने से नहा चली।

ध्यान आनि ढिग प्रानपति रहति मुदित दिन राति।
पलकु कंपति, पुलकित पलकु, पलकु पसीजति जाति॥

बिहारी कहते हैं—प्राणपति को ध्यान में लाकर नायिका दिन-रात प्रसन्न रहती है, कभी कांपती-कभी पुलकित, कभी रोमांचित और कभी पसीजती भी है।

सकै सताइ न तमु बिरहु, निसि दिन सरस, सनेह।
रहै वहै लागी दृगनु दीपसिखा सी देह॥

बिहारी कहते हैं—नायक नायिका की दूती से कहता है—मुझे विरह सता नहीं सकता; क्योंकि रात-दिन उसकी ही प्रेम युक्त, सरस देह दीपशिखा की तरह मेरे नयनों में जलती रहती है।

फिरि घर कौं नूतन पथिक चले चकित-चित भाग।
फूल्यौ देखि पलासु बन, समुही समुझि दवागि॥

बिहारी ने वसंत ऋतु का वर्णन किया है–देखो, जंगल में पलाश फूला हुआ देखकर और उसे सामने आई हुई दावाग्नि जानकर, अनुभवहीन यात्री घर को भाग चले।

गड़ी कुटुम की भीर मैं रही बैठि दै पीठि।
तऊ पलकु परि जाति इत सलज, हंसौंही डीठि॥

बिहारी कहते हैं–नायक मन-ही-मन सोच रहा है–अहा! देखो, मुझसे इसका प्रेम कितना गहरा है और यह इसमें कितनी निपुण है कि परिजनों की भीड़ में घिरी हुई मेरी ओर पीठ करके बैठ गई है, फिर भी लज्जा भरी मुस्कराती हुई दृष्टि मेरी ओर पल भर के लिए कर ही देती है।

नाउं सुनत हीं ह्वै गयौ तनु औरै, मनु और।
दबै नहीं चित चढ़ि रह्यौ अबै चढ़ाऐं त्यौर॥

बिहारी कहते हैं–नायिका से सखी कहती है–प्रियतम का नाम सुनते ही तो तेरा तन रोमांचित हो गया और मन भी तेरे वश से बाहर हो गया। तो फिर अब तेरे इस बनावटी गुस्से से तेरे चित्त पर चढ़ा हुआ प्रियतम छिप नहीं सकता।

डिगत पानि डिगुलात गिरि लखि सब ब्रज बेहाल।
कंपि किसोरी दरसि कै, खरैं लजाने लाल॥

बिहारी कहते हैं–श्रीकृष्ण ने गोवर्द्धन पर्वत उठाया था, तभी उनकी नज़र राधिका जी पर पड़ गयी। प्रेमवश उनका हाथ कांप गया। हाथ के हिलने के कारण गोवर्द्धन पर्वत के डगमगाते ही सब ब्रजवासियों को आकुल-व्याकुल देखकर, श्रीकृष्ण जी बहुत लज्जित हुए।

बाल छबीली तियनु मैं बैठ आपु छिपाइ।
अरगट हीं पानूस सी परगट होती लखाइ॥

बिहारी कहते हैं–विविध चमक-दमक वाली स्त्रियों के बीच में भी अपने रूप को छिपाकर बैठी हुई वह नवोढ़ा फानूस के दीपक-सी अपने चारों ओर के आवरण से अलग ही दिख रही है।

एरी, यह तेरी, दई, क्यों हूं प्रकृति न जाइ।
नेह-भरैं, हिय राखियै, तउ रुखियै लखाइ॥

बिहारी कहते हैं—नायिका से सखी कहती है—अरी सखी, यह अचरज की बात है! तेरी यह प्रकृति किसी प्रकार नहीं जाती। तुझको नायक नेह से भरे हुए हृदय रूपी पात्र में है, फिर भी तू उसके प्रति कठोर व रूखी ही दिखाई देती है।

नांकू चढ़ै सीबी करै जितै छबीली छैल।
फिरि फिरि भूलि वहै गहै प्यौ कंकरीली गैल॥

बिहारी कहते हैं—वह छैल छबीली युवती प्रियतम के जिस ओर से चलने के कारण नाक चढ़ाकर पीड़ाजनक सीत्कार करती है, प्रियतम बार-बार भूलने का नाटक कर उसी कंकड़ीली राह पर चलता है।

नटि न, सीस साबित भई लुटि सुखनु की मोट।
चुप करि ए चारी करति सारी-परी सलोट।

बिहारी कहते हैं—नायिका दूती की साड़ी में सिलवटें पड़ी हुई देखकर कहती है—बस अब तू मुकर मत, तेरे सिर मेरे सुखों की गठरी लुटी हुई साबित हो गई। ये तेरी साड़ी में पड़ी हुई सिलवटें चुपके-चुपके, बिना बोले ही सारी बातें बता रही हैं। अब तेरे मुकरने से कोई लाभ नहीं हो सकता। मेरे प्रियतम के साथ तूने रमण किया है।

तूं मोहन-मन गड़ि रही गाढ़ी गड़नि, गुबाली।
उठै सदा नटसाल ज्यौं सौतिनु कैं उर सालि॥

बिहारी कहते हैं—दूती नायिका से नायक की प्रशंसा कर रही है—हे ग्वालिन! तुम मोहन के मन में गड़ (धंस) गयी हो, पर सदा नटसाल-सी पीड़ा दे उठती हो अपनी सौतों के हृदय में यानी सौतें तुझसे जलती हैं।

लाई, लाल बिलोकियै, जिय की जीवन-मूलि।
रही भौन के कोन मैं सोनजूही सी फूलि॥

बिहारी कहते हैं—सखी नायिका के साथ आई और नायक से बोली—हे लाल! आंखें खोलकर देखिए, मैं आपके प्राण की संजीवनी

जड़ी ले आई हूं। देखिए, वह इस भवन के कोने में सोनजुही की लता की मानिंद खिल रही है।

ओठु उंचै, हांसी-भरी दृग भौंहनु की चाल।
मो मनु कहा न पी लियौ, पियत तमाकू, लाल॥

बिहारी कहते हैं—नायिका अपनी सखी को बताती है—प्रियतम ने तम्बाकू पीते समय ओंठ को ऊंचा करके, पुलकित नेत्रों तथा भौंहों की मादक चाल से मुझे क्या देखा, मेरा मन भी तंबाकू के साथ पी लिया।

जे तब होत दिखादिखी भई अमी इक आंक।
दगैं तिरछी डीठि अब ह्वै बीछी कौ डांक॥

बिहारी कहते हैं—सखियां आपस में बात कर रही हैं—नायक-नायिका दोनों की तिरछी आंखें आपस में मिली थीं तो अमृत सी मीठी-लगी थी। अब विरह में वे ही तिरछी चितवनें बिच्छू का डंक होकर दोनों को दागती हैं।

नैंकौ उहिं न जुदी करी, हरषि जु दी तुम माल।
उर तैं बासु छुट्यौ नहीं बास छुटैं हूं, लाल॥

बिहारी कहते हैं—सखी नायक से कहती है—हे लाल! जो माला तुमने उसको प्रेमपूर्वक दी है, उसे उसने अभी तक पलभर के लिए भी अपने गले से निकाली नहीं है। उसकी खुशबू के जाने पर भी वह माला उसके गले में है।

बिहंसि बुलाइ, बिलोकि उत प्रौढ़ तिया रस घूमि।
पुलकि पसीजति, पूत कौ पिय-चूम्यौ मुंहु चूमि॥

बिहारी कहते हैं—दो सखियांद आपस में बात कर रही हैं—परिजनों की भीड़ में नायक ने पुत्र का मुंह चूम लिया। यह देखकर और मुस्कराकर अपने पुत्र को पास बुलाकर फिर नायक की ओर देखकर वह प्रौढ़ा प्रेयसी आनंद से मतवाली होकर उस पुत्र का प्रियतम द्वारा चूमा गया मुंह चूमकर पसीने से तर हो गई।

देख्यौ अनदेख्यौ कियैं, अंगु अंगु सबै दिखाइ।
पैठति सी तन मैं सकुचि बैठ चितै लजाइ।।

बिहारी कहते हैं–अपने मित्र से नायक कहता है–वह अपने द्वारा मेरे देखे जाने को अनदेखा करते हुए, अपने अंग-अंग के वस्त्र को इधर-उधर लहराकर एवं अंगड़ाई लेकर मुझे अपना यौवन दिखलाकर, फिर सिमटती हुई शर्माकर स्वयं बैठ गई।

पटु पांखै, भखु कांकरै, सपर परेई संग।
सुखी, परेवा, पुहुमि मैं एकै तुंहीं, बिहंग।।

बिहारी कहते हैं–परदेशी कबूतर को कबूतरी के साथ देखकर कहता है–हे पक्षी! धरती पर एक तू ही सुखी है, क्योंकि तेरा वस्त्र तो तेरे पंख ही हैं, जो तेरे साथ ही हैं, तेरा भोजन कंकड़ ही हैं, जो सब जगह उपलब्ध हैं यानी कबूतरी भी तेरे संग में है।

कर लै, सूंघि सराहि हूं रहे सबै गहि मौनु।
गंधी अंध, गुलाब कौ गवईं गाहकु कौनु।।

बिहारी कहते हैं–अरे अंधे यानी मूर्ख गंधी! इस 'गंवई' समाज में तेरे गुलाब का कौन ग्राहक है। तू अपना समय यहां नाहक में ही गंवा रहा है। देख तो सही तेरे गुलाब को हाथ में ले, सूंघ और प्रशंसा करके भी ये सबके सब चुप्पी लगा बैठे हैं। अर्थात् तेरी कद्र गुणी ग्राहकों के बीच है।

मिलि चलि, चलि मिलि, मिलि चलत आंगन अथयौ भानु।
भयौ मुहूरत भोर कौ पौरिहिं प्रथमु मिलानु।।

बिहारी कहते हैं–परदेश जाने को तैयार नायक नायिका से मिलने गया। नायिका से बात कर एक-दो पग चला और इस चलने के बाद फिर बातचीत-इस प्रकार विदा होकर चलते हुए इतना समय लगा कि सारा दिन बीत गया और आंगन ही में सूर्य अस्त हो गया। अगले प्रात:काल के प्रस्थान-मुहूर्त का पहला पड़ाव ड्योढ़ी ही में हुआ।

नाक मोरि, नाहीं ककै नारि निहोरैं लेइ।
छुवत ओठ बिय आंगुरिनु बिरी बदन प्यौ देइ।।

बिहारी कहते हैं–नाक मोड़कर तथा 'नहीं नहीं' कहकर नायिका धन्यवाद की दृष्टि से देखते हुए प्रियतम का दिया हुआ बीड़ा अपने मुख में डालती है और प्रियतम उसके दोनों होंठों को उंगलियों से स्पर्श करता हुआ उसके मुंह में पान का बीड़ा देता है।

गिरै कंपि कछु, कछु रहै कर पसीजि लपटाइ।
लैयौ मुठी गुलाल भरि छुटत झुठी ह्वै जाइ।।

बिहारी कहते हैं–नायक नायिका होली खेल रहे हैं। होली के खेल में गुलाल से भरकर ली हुई मुट्ठी भी खुलने पर झूठी पड़ जाती है, क्योंकि परस्पर प्रेम जनित भाव के कारण कुछ गुलाल तो हाथ में कंपन के कारण गिर जाता है और कुछ पसीने से पसीजकर हाथ में लिपटकर रह जाता है, मुट्ठी खुलने पर एक का गुलाल दूसरे पर नहीं पड़ता।

देखत कछु कौतिगु इतै;, देखै नैंक निहारि।
कब की इकटक डटि रही टटिया अंगुरिनु फारि।।

बिहारी कहते हैं–नायिका की सखी नायक से कहती है–तुम कुछ नज़ारा इधर का भी देखते हो अथवा उसी ओर ध्यान दिए हुए हो, जरा इधर तो देखो। वह बेचारी तुम्हें देखने के लिए कब से टाट को उंगलियों से फाड़कर एक ही स्थान पर खड़ी है।

मुखु उघारि पिउ लखि रहत रह्यौ न गौ मिस-सैन।
फरके ओठ, उठे पुलक, गए उघरि जुरि नैन।।

बिहारी कहते हैं–नायिका विनोदार्थ सोने का बहाना करके, मुंह पर कपड़ा डालकर और आंखें बंद करके लेटी थी। नायक ने सोचा–देखें तो सही यह वास्तव में सो गई है अथवा मुझे छकाने के लिए बहाना किए हुए है।

उसका मुख उघाड़कर प्रियतम ने देखा तो वह नींद का बहाना बना न सकी। उसके होंठ फड़क उठे एवं नेत्र खुलकर प्रियतम के नयनों से मिल गए।

पिय-मन रुचि-ह्वैबौ कठिनु, तन-रुचि होहु सिंगार।
लाखु करौ, आंखि न बढ़ैं, बढ़ैं बढ़ाऐं बार।।

बिहारी कहते हैं–प्रिय के मन में चाह का होना कठिन है, शरीर की सुंदरता साज-शृंगार द्वारा चाहे कितनी ही बढ़ जाये, लेकिन कोई लाख प्रयत्न करे, पर आंखें नहीं बढ़ती, बाल बढ़ाने से भले ही बढ़ जाएं।

तनक झूठ न सवादिली कौन बात परि जाइ।
तिय-मुख रति-आरंभ की नहिं झूठियै मिठाइ॥

बिहारी कहते हैं–किसी भी बात में जरा-सा भी झूठ पड़ जाने से उसका स्वाद जाता रहता है। पर स्त्री के मुख से सहवास के प्रारंभ की झूठी ही 'नहीं-नहीं' मिठाई जैसी स्वादिष्ट लगती है।

नहिं अन्हाइ, नहिं जाइ घर, चितु चिहुंट्यौ तकि तीर।
परसि, फुरहरी लै फिरति बिहंसति, धंसति न नीर॥

बिहारी कहते हैं–एक सखी दूसरी सखी से कहती है–न तो यह नहाती है और न घर जाती है। इसका अस्थिर मन प्रियतम की ताक में तीर से चिपका है। देख, यह ठंड के बहाने से जल को छूकर और कांपकर हंसती हुई लौट आती है, जल में भी नहीं उतरती।

सटपटाति सैं ससिमुखी मुख घूंघट-पटु ढांकिं।
पावक-झर झमकि कै गई झरोखा झांकि॥

बिहारी कहते हैं–नायक सखी से कहता है–वह चंद्रमुखी सहमी हुई-सी ही अपने मुख पर घूंघट का पट डालकर और आग की लपट-सी लहराकर झरोखे में से झांक गई।

ज्यौं कर, त्यौं चिकुटी चलतिः ज्यौं चिकुटी, त्यौं नारि।
छबि सौं गति सी लै चलति चातुर कातन-हारि॥

बिहारी कहते हैं–नायक स्वयं से बातें कर रहा है–अहा! जिस गति से इसका दाहिना हाथ चरखे के घुमाने में चलता है, उसी गति से इसके बाएं हाथ की चुटकी रुई की पिउनी को बढ़ाती चलती है और जिस गति से चुटकी चलती है उसी गति से उसकी गर्दन भी चलती है। यह छबीली नार चरखा क्या चलती है, अपने इस सुंदर अंदाज से नाचने की चाल-सी ले चलती है।

बुधि अनुमान, प्रमान श्रुति किऐं नीठि ठहराइ।
सूछम कटि पर ब्रह्म की अलख, लगी नहिं जाइ॥

बिहारी कहते हैं—सखी नायिका से कहती है—तेरी पतली-से-पतली कमर ब्रह्म के समान सूक्ष्म है, जो आंखों से देखी नहीं जाती। जिस प्रकार बुद्धि के द्वारा यह तर्क करने पर कि यदि ब्रह्म है नहीं, तो यह संसार कैसे ठहरा हुआ है और श्रुति में जो ब्रह्म का अस्तित्व बतलाया गया है, उसको प्रमाण मानने से ब्रह्म की सत्ता सिद्ध होती है, उसी प्रकार बुद्धि के द्वारा यह अनुमान करने से कि यदि कटि है नहीं तो ऊपर तथा नीचे के धड़ के भाग जुड़े कैसे हैं, तेरी कमर के होने की बात सिद्ध होती है।

रूप-सुधा-आसव छक्यौ, आसव पियत बनै न।
प्यालैं ओठ, प्रिया-बदन रह्यौ लगाऐं नैन।

बिहारी कहते हैं—प्रियतम प्रेयसी के रूप-सुधा के आसव से ऐसा छक गया है कि उससे आसव पीते नहीं बनता। वह प्याले पर होंठ एवं प्रिया के बदन पर नयन लगाए हुए स्थिर पड़ गया है।

किती न गोकुल कुलबधू, किहीं न काहि सिख दीन।
कौनैं तजी न कुल -गली ह्वै मुरली-सुर-लीन।

बिहारी कहते हैं—एक सखी दूसरी सखी से कह रही है—गोकुल में सब कुलवधुएं हैं और तू भी उन्हीं में से है और किसने किसको शिक्षा नहीं दी, पर तू यह तो बतला कि मुरली के स्वर में बंधकर किसने कुल की मर्यादा नहीं छोड़ी।

कियौ सयानी सखिनु सौं, नहिं सयानु यह, भूल।
दुरै दुराई फूल लौं क्यौं पिय-आगम-फूल॥

बिहारी कहते हैं—सखी नायिका से कहती है—तूने कुशल व प्रवीण सखियों से जो सयानापन दिखाया, यह सयानापन नहीं भूल है। भला प्रीतम के आने की खुशी सुगंधित फूल की भांति छिपाए छिप सकती है।

आयौ मीतु बिदेस तैं काहू कह्यौ पुकारि।
सुनि हुलसीं, बिहंसीं, हंसीं दोऊ दुहुनु निहारि॥

बिहारी कहते हैं–दोनों सखियां एक ही नायक से प्रेम करती हैं। उसको आया सुनकर दोनों पुलकित हो उठीं–किसी ने किसी अन्य से पुकारकर इनके प्रियतम को विदेश से आया हुआ कहा। यह सुनकर दोनों ही सखियां पुलकित हुईं, जिससे दोनों ने एक-दूसरे का प्रेम जान लिया और अपनी जानकारी व्यक्त करती हुई एक-दूजे को देखकर खुशी के मारे हंस दी।

जद्यपि सुंदर, सुघर, पुनि सगुनौ दीपक-देह।
तऊ प्रकासु करै तितौ, भरियै जितैं सनेह॥

बिहारी कहते हैं–सखी नायिका से कहती है–दीपक की लौ रूपी देह सुंदर, सुघड़ और फिर शुभदायक भी हो, फिर भी उसमें उजाला नहीं हो सकता, वह उजाला उतना ही करती है, जितने प्रेम से उसको भरा जाता है।

दुसह बिरह दारुन दसा, रहै न और उपाइ।
जात जात ज्यौ राखियतु प्यौ कौ नाउं सुनाइ।

बिहारी कहते हैं–एक सखी दूसरी सखी से कहती है–अब उसके मुश्किल से सहे जाने योग्य विरह की बड़ी करुण अवस्था हो रही है। उसका प्राण शरीर में और किसी उपाय से नहीं रहता दिखाई देता। अब तो उसका जाता-जाता प्राण प्रियतम का नाम सुना-सुना कर उसके शरीर में रखना पड़ रहा है।

फिरि फिरि दौरत देखियत, निचले नैंक रहैंन।
ए कजरारे कौन पर करत कजाकी नैन॥

बिहारी कहते हैं–सखी नायिका की आंखों को डाकू कहकर उसका उपहास करती है–तेरे नयन बार-बार दौड़ते देखे जाते हैं और जरा भी स्थिर नहीं रहते। ये कजरारे नेत्र अब किस पर डाकुओं की तरह धावा बोल रहे हैं।

अब तजि नाउं उपाव कौ, आए पावस-मास।
खेलु न रहिबौ खेम सौं केम-कुसुम की बास॥

बिहारी कहते हैं—नायिका दुखित होकर सखी से कहती है—तूने अनेक उपायों से मेरी रक्षा की, पर अब उपाय करना भी छोड़ दे, अब बरसात के महीने आ गए। अब कदंब के फूलों की महक से सकुशल रहना कोई खेल नहीं है।

लऐ मुरासा तिय-स्त्रवन यौं मुकतनु दुति पाइ।
मानहु परस कपोल कैं रहे स्वेद-कन छाइ॥

बिहारी कहते हैं—सखी नायक से कहती है—उसके कान में मुरासा (कर्ण आभूषण) मोतियों से चमक पाकर इस प्रकार खिलती है, मानो कपोल के स्पर्श से उस पर पसीने के बिंदु छा रहे हैं।

मिलि परछांही जोन्ह सौं दुहु के गात।
हरि राधा इक संग ही चले गली महिं जात॥

बिहारी कहते हैं—सखी राधा के रूप-माधुर्य का दूसरी सखी से वर्णन करती है—हे सखी! हरि तथा राधा एक साथ ही गली में चले जा रहे हैं, दोनों एक ही दिखाई देते हैं, क्योंकि दोनों के शरीर परछाईं और चांदनी में मिल रहे महसूस होते हैं।

मोरचंद्रिका, स्याम-सिर चढ़ि कत करति गुमानु।
लखिवी पाइनु पर लुठति, सुनियतु राधा-मानु॥

बिहारी कहते हैं—सखी राधा से कहती है—हे मोरचंद्रिका! तू श्याम के सिर चढ़कर क्यों गुमान करती है। तू जल्दी ही पांवों पर लटकती देखी जायेगी, क्योंकि राधा का मान सुना जाता है।

चिरजीवौ जोरी, जुरै क्यों न सनेह गंभीर।
को घटि; ए बृषभानुजा, वे हलधर के बीर॥

बिहारी कहते हैं—एक सखी दूसरी सखी से कहती है—यह जोड़ी चिरंजीवी हो। यह गहरे प्रेम से क्यों न जुड़े, क्योंकि इन दोनों में से कमतर कौन है। राधा वृषभानु जी की बेटी है, तो कृष्ण बलराम जी जैसे प्रभावशाली पुरुष के भाई हैं।

**औरै गति, औरे बचन, भयौ बदन-रंगु औरु।
द्यौसक तैं पिय-चित चढ़ी कहैं चढ़ैं हूं त्यौरु॥**

बिहारी कहते हैं–सखी नायिका से कहती है–तेरी चाल-ढाल, बोलने का ढंग तथा बदला हुआ मुख का रंग, ये सब तेरा तेवर चढ़ने पर भी प्रकट कर देते हैं कि तू दो-एक दिन से प्रियतम के चित्त पर चढ़ गई है।

**बरन, बास, सुकुमारता, सब बिधि रही समाइ।
पंखुरी लगी गुलाब की गात न जानी जाइ॥**

बिहारी कहते हैं–सखी नायक से नायिका के विषय में कहती है–उसके शरीर में गुलाब की पंखुड़ी लगी हुई (चिपकी हुई) देखी नहीं जाती। वह उसके रंग, सुगंध तथा कोमलता, इन सब ही से उसके शरीर से मेल खा रही है।

**अहे, दहेंड़ी जिनि धरै, जिनि तूं लेहि उतारि।
नीकैं है छींकैं छुवै, ऐसैं ई रहि, नारि॥**

बिहारी कहते हैं–नायक नायिका से कहता है–अरी, तू दहेंड़ी को छींके पर मत रख और उतार भी मत। तू छींके को पकड़े हुए ही अच्छी लगती है। हे रूपसी! तू इसी मोहक अवस्था में, इसी सुंदर अंदाज से कुछ समय तक खड़ी रह।

**न्हाइ, पहिरि पटु डटि, कियौ बेंदी-मिसि परनामु।
दृग चलाइ घर कौं चली बिदा किए घनस्यामु॥**

बिहारी कहते हैं–एक सखी दूसरी सखी से कहती है–देख, यह कितनी बुद्धिमान है कि इसने स्नान करके और वस्त्र पहनकर बिंदी लगाने के बहाने से हाथों को माथे पर ले जाकर कृष्ण को प्रणाम किया फिर आंखों को चलाकर कृष्ण को विदा कर घर की ओर चल दी।

**कैवा आवत इहिं गली रहौं चलाइ, चलैं न।
दरसन की साधे रहै, सूधे रहैं न नैन॥**

बिहारी कहते हैं–नायिका अपनी सखी से कहती है–कई बार ऐसा होता है कि नायक के इस गली में आने पर मैं उसको देख भी नहीं पाती। ये नयन उस ओर लज्जावश जाते ही नहीं। मुझे दर्शन की साध ही रह जाती है। क्या करूं, मेरे नयन मेरे वश में ही नहीं रहते।

जौ लौं लखौं न, कुल -कथा तौ लौं ठिक ठहराइ।
देखैं आवत देखि हीं, क्यौं हूं रह्यौ न जाइ॥

बिहारी कहते हैं–सखी से नायिका कहती है–तेरी यह कुल कथा तभी तक उचित जान पड़ती है, जब तक मैं नायक को नहीं देखती। पर नायक को देखना बनता है और उसे बिना देखे रहा नहीं जाता।

यों दल काढ़े बलक तैं तैं, जयसिंह भुवाल।
उदर अघासुर कैं परैं ज्यौं हरि गाइ, गुवाल॥

बिहारी राजा जयसिंह की वीरता का वर्णन करते हैं-हे जयसिंह भूपाल! तूने सेनाओं को जो शत्रुओं से घिर गए थे, बलख से इस प्रकार सकुशल निकाला, जिस प्रकार अघासुर के पेट में जाने पर गायों तथा ग्वालों को कृष्ण ने निकाला था।

घर घर तुरकिनि, हिंदुनी देति असीस सराहि।
पतिनु राखि चादर, चुरी तैं राखी, जयसाहि॥

बिहारी कहते हैं–हे जयशाही! जब दुश्मनों से सेना बचा कर तू ले आया, घर-घर तुर्किनियों तथा हिंदुनियों ने तेरी सराहना करके कि वाह रे! जयशाही, तूने हमारे पतियों की रक्षा कर हमारी चादर तथा चूड़ी रख लीं। तुझको आशीर्वाद दिया।

हुकुमु पाइ जयसाहि कौ, हरि-राधिका-प्रसाद।
करी बिहारी सतई भरी अनेक संवाद॥

बिहारी कहते हैं–राजा जयशाही का हुक्म पाकर कृष्ण तथा राधा की कृपा से बिहारी ने यह अनेक संवादों से भरी हुई सतसई रची।

■■■

डायमंड में प्रकाशित श्रेष्ठ साहित्य

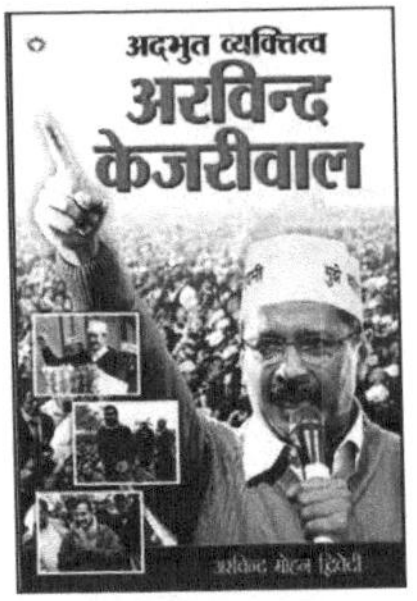